大きな傘に守られて

小さなスーパーの創業物語

杉 一郎

公益財団法人
モラロジー研究所

まえがき

大変な時代がやってきた――そう思ったことが、今までに何回あったでしょうか。

平成三年（一九九一）、中小の小売店を保護してきた「大規模小売店舗法」の規制が緩和され、十年かけて廃止へと向かうことになりました。われわれのように小規模なスーパーマーケットがそれまでに経験したことのない、過酷な競争の時代を迎えたのです。

もちろん、それ以前にも競争は存在しました。私自身、全国チェーンやローカルの有力スーパーとの苦しい戦いを何度も経験しています。それでも今考えると、やはり温室のように手厚く保護された環境下での競争でした。今では外資系も迫ってきて、大手でさえ厳しい時代です。

しかし、厳しい時代になったとはいえ、スーパーマーケット業界の環境そのものが厳しいというわけではなく、自分自身がお客様のニーズに対応できていないから厳しく感じるのだということです。それは全国チェーンもローカルも同じでしょう。この新しい時代の波を「新しい芽を出すチャンス」ととらえたいものです。

中小から大手まで、日本の企業がなぜ弱くなったのかを考えると、一つには個人主義の時代になり、一般に愛社精神というものが希薄になったことが挙げられます。加えてリストラが横行するようになって、中堅以上の世代がさらにやる気をなくしました。すると社内の空気がますます乱れてきます。まさに弱り目に祟《たた》り目です。

この混沌《こんとん》とした時代に、誰が生き残るのか。私は「小の時代」――われわれのように小規模な企業こそが活躍できる時代と考えてきました。それは思い上がりではなく、やせ我慢でもなく、事実そうなのです。

われわれの最大の強みは愛社精神です。家族経営のスーパーであれば、やる気も愛社精神も百パーセント以上でしょう。大手と比べて劣るところは、知識・情報と仕入れの力くらいです。その点を補うため、われわれは中小スーパーのグループを設立し、助け合う仕組みを整備してきました。

世の中は刻々と変わっていきます。大きな波の前では、これまでの経験則だけで対応しようとしても、どうしても流されてしまいます。しかし、ただ単に波に乗るだけでも潰《つぶ》されるのです。変化の中で、何が真理なのかを見極めていかなければなりません。その道しるべとなるものが、法学博士・廣池千九郎《ひろいけちくろう》（総合人間学モラロジーの創建者、一八六六〜一九三八）が提唱した「道徳経済一体思想」であり、「三方よし」の考え方でした。

何より忘れてはならないのが「徳を積む」ということの大切さです。いかに「小の時代」とはいえ、徳のない企業は生き残れません。生き残るためには、経営者自身が徳を積む努力をするしかないのです。経営者が変われば、企業は必ず変わります。

本書では、小さなスーパーマーケットを経営してきた私自身の体験の一端を述べたいと思います。新しい時代を生きる若い皆様のお役に立てば幸いです。

令和元年五月吉日

杉　一郎

大きな傘に守られて――小さなスーパーの創業物語●目次

第三章　「道徳経済一体」の経営をめざして

あとがき

目　次

●杉一郎語録●

装丁――レフ・デザイン工房　神田程史

序　章

創業前史

心の原風景

私は昭和十三年（一九三八）、福岡県の吉井町（現・うきは市）に生まれました。

わが家は村で一番の大きな精米所を営んでいました。当時は精米にも製粉にも水車を使いましたので、家の近くを流れる筑後川から水を引いて大きな水車の精米所・製《せい》麺《めん》工場をつくり、村の人たちに手伝ってもらっていました。

精米の際に飛び散った砕け米は、鶏の餌《えさ》になります。豚も数十頭いて、鶏も豚も村の皆で世話をしたものです。食料難の時代には、それが村全体の貴重な食料になりました。今日は肉が食べられるという日には、父が音頭を取って人を集め、一杯飲んでドンチャン騒ぎです。そして食べ物は「持って帰れ、持って帰れ」と、すべて分けてしまうのです。そんな父のあだ名は「仏のゲンちゃん」。食という面で村の人たちを支えることが、先祖から受け継いだ役目だと思っていたのでしょう。皆から慕われ、頼りにされた父でした。

比較的裕福な家庭だったのでしょうが、贅沢《ぜいたく》が許されたわけではありません。私は八人きょうだいの六番目ですから、学生服もすべて兄のお下がりで、母には常々「あんたは兄ちゃんや姉ちゃんのおかげで大きくなったのだから」と言い聞かせられました。父にも母にも「自分の家族だけを守る」という考えはなく、近隣の困った人を助け、また頼られることをうれしく思っていたようです。そんな両親のもとで育った私は、きょうだいや友だちとけんかをすることも知らない子供でした。

しかし、幼い時分には苦い思い出もあります。

小学校では音楽の先生の言いつけで、いつもピアノを弾かされていました。先生は私のいとこがピアノをやっていることを知っていて、目をつけられたようです。今の時代ならピアノが弾ける男の子はかっこいいかもしれませんが、終戦直後の話です。学校に一台しかないピアノを弾く私は、遊びの仲間には入れず、いじめられっ子になりました。両親は万事「お役に立つようなら、どうぞ使ってください」という調子でしたから、逃げることもできません。孤独な少年時代でした。

中学生になればピアノから逃れられると思っていたのですが、中学の先生にも「杉君は僕が預かることになったから」と言われてしまい、結局、浮羽《うきは》高校に進学するまで解放されることはありませんでした。泣きたいような気持ちになったこともありますが、当時のピアノの先生は今でもご健在で、親しくお付き合いをさせていただいています。

憧れの山へ

高校生になると、晴れて山岳部に入部しました。

山は子供のころからの憧《あこが》れでした。家の近くでは幼い時分から山に入って遊ぶこともありましたが、本格的な登山を夢見て門をたたいた山岳部は、部員が少なく、テントが買えるほどの予算もつかない部でした。顧問の先生に相談すると「部員が増えるのなら」ということで、五十人を目標に人集めをすることになりました。

それまではせいぜい七、八人しかいなかった部でしたから、先輩たちは「簡単に増やせると思うな。一人ひとり口説いていく以外にないぞ」と言います。そこで私は一計を案じました。高校は男女別学で、校舎も分かれていましたが、まずは女子の募集に力を入れることにしたのです。

二年で部の代表になり、先輩たちへの遠慮がなくなると、早速女子の校舎に「女性たちよ、今こそ山へ」とポスターを貼り出しました。これが大いに受けて、集まったのは四十人ほどの女子部員。彼女たちの許可を得て、部員名を書き連ねた立看板をつくり、今度は男子の校舎で大々的に宣伝しました。案の定、おもしろいように人が集まり、男女合わせて百名を越す大所帯になりました。

山に登るときは、その部員を少人数の班に分けます。男子には「おれたちで女子を守るんだぞ」と言って、一つの班に必ず二人か三人はつけるようにしました。とはいえ、学校の部活動で危険な場所に連れていくことはできませんから、「本格的な登山をしたいときは男子だけの自主企画として、自己責任で行くように」と決めておきました。一方、女子だけで何か企画をしたときは、男子がついていくことは認めません。山岳部では「親には心配をかけないように」と、しっかりこうした規約をつくりましたので、部としては草原にテントを張って遊ぶくらいのものです。それでも決まりを守り、知恵を出し合って活動をということで、遊び心も入れて「怪しい者が近づいて来たら、大声を上げて逃げる」などという訓練をしたこともあります。そんな山岳部の運営経験が、後年の企業経営に生きたのかもしれません。

山登りは人生にも通じるものがあります。急な天候の変化などもありますから、常に冷静な判断が求められます。崖崩《がけくず》れの跡を目にしては、大自然の恐ろしさを肌で感じ、判断力を磨いてきました。安全に気を配っているとはいっても両親には心配をかけたと思いますが、挑戦して乗り越えたときの喜びと、そこでしか見ることのできない景色は、一度味わったらやみつきになります。

そうした中でも、自分の体調等で「ああ、これはいけないな」と思うことはあります。そこでは、やめる勇気も必要です。登山中に動けなくなったら、仲間にも迷惑がかかります。「大丈夫かな」と自分の心が揺らいでいるときは、進んではならないという信号なのです。それは仕事でも同じことです。

ちなみに妻とは高校の山岳部で出会いました。初めて女子部員を募集した際に入ってくれた同級生の一人で、私の先輩のいとこにあたるということで、紹介を受けたのです。当時の仲間には、ほかにも同級生同士で結婚した夫婦がいて、今でも集まると話は尽きません。

サラリーマン時代の学び

高校卒業後は、福岡市内の食品卸会社に就職しました。結果として、それから十年ほどで脱サラして商売を始めることになったものの、当時は山守にでもなれたらというのが本音で、商売に特別な関心があったわけではありません。それでも実家が精米所でしたから、仕事をするなら食品関係でという気持ちはありました。

私が就職したころは、すでに兄が実家を出て、自分で商売を始めていましたので、それを気にかけていた母に「おまえ、行ってやってくれ」と言われ、夕方に仕事が終わると、よく兄の店を手伝いに行ったものです。まっすぐ家に帰ったところでほかにやることがあったわけでもなし、店の手伝いがまた、非常におもしろかったのです。きょうだいですから兄も気兼ねなく用を言いつけてくれますし、私のほうも暇に任せて配達から店の片付け、事務作業まで、やらなくてもいいようなことまで何でもやりました。

実はその経験が生きて、勤め先でちょっとした業績を上げることになるのです。

勤め先は食品卸会社でしたから、取引先は小売店です。私は会社が品物を納めている店を終業後に訪ね、兄の店と同じような調子で片付けを手伝ってみました。それがいつしか取引先の間でうわさになり、「あの店に出入りしているんだってね。うちにも来てよ」と言って、A社が終わったら次はB社へというふうに、夜の九時十時まで、いろいろな小売店を渡り歩くようになりました。そのころには兄の店も軌道に乗って「おまえは昼間の仕事で疲れているのだから、家の手伝いはしなくてもいい」と言われるようになっていましたので、遊びを知らない私にとって、こんなに楽しいことはありません。

後片付けでも配達でも、それこそ漬物を漬けるような仕事でも、行った先で困っていることがあれば、何でもやります。完全なボランティアですが、私も楽しいし、相手には喜ばれ、簡単な夕食を用意してくださったり次の朝の弁当まで持たせていただいたりと、行く先々でかわいがられました。

そのうちに、思わぬことが起こり始めました。どこの店でも、たいていは複数の仕入先を持っているものですが、私が手伝いに通った店は「あんたのところで買おうか」と言って、仕入れをうちの会社に集中させるようになってきたのです。

ある日、そんな取引先の一つであったスーパーの店主が「社長を出せ」と言って怒鳴り込んできました。私は現場の従業員と仲よくなって、倉庫の整理などを手伝っていただけなのですが、うちからの仕入れが急に増えたのは不正によるものではないかと、疑いを持たれたようです。特別な値引きをしたわけではないことは伝票を見れば分かりますから、事情を知らない幹部からすると不可解な現象に思えたのでしょう。

これをきっかけに、社内でも売上げの変化について徹底的に調べられ、私の個人的にやっていたことが知られるようになりました。先輩社員には「勝手なことをされては困る。営業の仕組みが壊れるじゃないか」と文句を言われることもありましたが、社長にはたいへん評価され、私が何か言われると「一生懸命やってくれておる杉に対して、どういうことだ」と、いつもかばってくださいました。

いろいろな小売店に出入りするうちに、分かってきたことがあります。それは従業員のモラルが会社の将来を左右するということです。私が手伝いに行ったとき、従業員が「あんたがそれをやると、おれたちもやらなければならないから、大概にしておいてくれ」と言うような店は、だいたい衰退していきました。対照的に「ありがとう、いつも悪いな」と言ってくれるところは、本当に伸びていったのです。伸びる会社と伸びない会社の差は、こういうところで生まれるのだと学びました。

結婚、そして独立へ

二十代の後半に差し掛かると、二つの大きな転機を迎えました。

一つは結婚です。高校の山岳部の仲間とは、卒業後も一緒に山に登ることがありましたが、そうした中で、当時幼稚園に勤めていた妻との結婚が現実のものになったのです。しかし、妻の実家はほとんどが教師という一族でしたので、家風の違いを心配され、反対の声が上がりました。それを私の勤め先の社長が知ると、「おまえの結婚

新婚旅行（昭和40年4月）

のことは私に任せてくれ」と。両親の説得のために、社長は妻の実家にまで訪ねて行ってくださいました。私たちが結婚できたのは、社長のお骨折りのおかげです。
それだけではありません。私が「お金があれば山に登りたい」という人間であることも、それでいつも懐が寂しいことも、社長はよく知っておられました。妻も山岳部の仲間だと知った社長は、大分の九重連山や熊本の阿蘇山をはじめ、九州の名峰をめぐる新婚旅行をプレゼントしてくださったのです。行き先は社長が決めて、当時の私には到底手が出なかった自家用車を貸していただいた上に、費用もすべて用立ててくださいました。そんなことをしてもらった社員は、ほかにいなかったと思います。
実はそのころ、会社が同業の大手に吸収合併される話が進んでいました。私の結婚をめぐる一連の出来事は「経営を譲ったら、私はもうこの業界から身を引くが、杉は本当によくやってくれた。最後にこれだけはさせてもらいたい」という、社長の気持ちでした。

合併は昭和四十一年（一九六六）、私が二十八歳になる年でした。これが二つ目の転機です。会社の看板が変わったのと同時に私は退職し、自分で商売を始めることにしました。目をかけていただいた社長ご本人は引退したとはいえ、お世話になった会社の商圏で、同じ食品卸の仕事をするわけにはいきません。そこで福岡市内の大橋に、海産物を扱う小売店を開いたのです。

当時の屋号は「杉商店」です。サラリーマン時代にボランティアで小売店を手伝った経験が大いに役立ったことは、言うまでもありません。この店が今日のスーパーマーケット「ダイキョープラザ」の基礎になり、令和元年（二〇一九）の今年で創業五十三年を迎えます。

第一章　地域と共に五十年

——スーパーマーケット「ダイキョープラザ」の創業

協同組合「大協」の誕生

昭和四十一年（一九六六）に始めた「杉商店」は、小さな海産物店でした。このころには子供も生まれていましたが、妻は子育てのかたわら、慣れない商売を懸命に手伝ってくれました。六年後には、地元のスーパー内のテナントとして二号店を出店します。そこは弥永《やなが》という、福岡市内でも有数の大型団地の前で、立地にも助けられ、商売は順調に運んでいました。

その矢先のことです。オイルショックのあおりを受けて、二号店の大家にあたるスーパーが倒産しました。開店当初は景気もよく、どんなやり方をしても成功する時代だったのでしょうが、オイルショック後の不況には耐えられなかったようです。

残されたテナントは、杉商店を含めて十店舗ありました。倒産したスーパーの建物をまるごとそのまま引き継いで、経営の肩代わりをしてくれる会社が見つかればと思ったのですが、地元のスーパーマーケットチェーンに依頼に行くと「テナントを全部入れ替えることが条件だ」と言われてしまいました。生き残るためには、自力でどうにかしなければなりません。そのとき苦肉の策として考えついたのが、協同組合方式で地主と交渉し、自分たちで跡地を借りてショッピングセンターを運営することでした。

協同組合「大協《だいきょう》」の誕生は、昭和四十九年十二月。三十六歳だった私は「若い者のほうが小回りが利くから」と、十店舗の取りまとめ役に推されました。ここから先は一蓮托生《いちれんたくしょう》です。もともとゼロからの出発でしたから、杉商店の一号店は思い切りよく閉めてしまい、このショッピングセンター内の店舗に専念することにしました。まさに背水の陣です。

ところが一難去ってまた一難で、われわれのショッピングセンターのすぐ隣で整地が始まったかと思ったら、地元の有力スーパーがこちらの五倍以上の規模で進出してくることになりました。さらには五百メートルほど先にも、ほぼ同時に別のスーパーが開店したのです。昭和五十一年、第一次スーパー戦争の勃発《ぼっぱつ》です。

大協も売り場を拡張したり、テナントを増やしたりして対抗しましたが、当然のなりゆきとして、売上げは落ち込みました。それまで一日百丁は売れていた豆腐が、わずか五丁しか売れない日が続いたほどです。ショッピングセンター全体でも、月商二千五百万円ほどあったものが一気に半減し、一千万円を切るようになりました。

私がモラロジー（道徳科学）という学問に出会ったのは、その渦中のことでした。

「大きいものは必ずしも強くない」

昭和五十二年の十一月ごろ、同業者としてお付き合いのあった園田忠臣《そのだただみ》さんから紹介を受け、当時大分県の玖珠《くす》町にあったモラロジー研究所の九州社会教育センターを訪れました。

玖珠でショッピングセンターを営む園田さんは、そのころ「道徳的な経営」を志す経営者の勉強会を立ち上げようということで、九州の同業者を中心として熱心に呼びかけて回っていたようです。私はモラロジーとはどういうものか、まだ何も分からないながら、「このままでは潰《つぶ》れてしまう」という危機感もあって、案内されるままに社会教育センターを訪れました。

そこでお会いした片山孝二《かたやまこうじ》センター長（当時）に、私は窮状を訴えました。――いい店というのは、まず空気からして違う。園田さんのような店を見ていると、本当にそう思う。私もそんな店をつくりたいのに、園田さんの店とは従業員の質がまったく違っていて、どうにもならないのだ、と。

すると片山センター長は、こんなふうに話を切り出しました。「阿蘇山に行けば、馬は馬同士、牛は牛同士で群れをなして、草を食べているでしょう。太平洋に行けば、鯛《たい》は鯛、鰯《いわし》は鰯で泳いでいますよ」。初めは何が何やら分かりませんでしたが、結論はこういうことでした。

「あなたは園田さんの会社の従業員がよいと言いますが、それは社長がよいから、従業員もよいのです。従業員が悪くて、社長だけがすばらしいということはありません。経営者がよい心であれば、よい従業員が育ちます。よい心の従業員が育てば、お客様は自然に増えてきますよ」。そんな話を一時間近くもかけて、丁寧に説いて聞かせてくださったのです。

私が初対面の片山センター長に開口一番、従業員についての愚痴を言ったのは、「私はダメな経営者です」と宣言してしまったようなものです。大変なショックでした。それを言ったときのセンター長の表情まで覚えています。私は早速、翌年一月に行われるモラロジー講座の受講を申し込みました。

泊まり込みで一週間という長い講座でしたが、その時点で理解できたことは、そう多くはありません。ただ、ある講師から聞いた「大きいものは必ずしも強くない」という言葉が心に引っかかりました。まさに今、自分自身が大型店に痛めつけられている最中だったからです。しかし、よくよく考えてみると「お客様一人ひとりとしっかりと向き合い、きめ細やかな対応ができるという点では、小さな店のほうに分があるのではないか」とも思えてきました。

サービスの質を向上させるには、実際にお客様と接する現場の従業員の資質を磨いていくほかありません。そのためには、まず経営者である自分が変わらなければならない――。そう思い至った私は、自分自身の「心づくり」のためにモラロジーを学んでいく決意を固めました。

このことは、テナントの仲間にも呼びかけました。そもそも協同組合や商店街というものは、運命共同体であるにもかかわらず、店主一人ひとりにはライバル意識が強く、お互いに内心では「おれが、おれが」と思っているものです。ショッピングセンターや商店街としての評価が上がるのは喜ばしいことであるはずなのに、その中の一つの店が繁盛するようになると、周囲にはねたみのような気持ちが芽生えます。そこには「隣の店があるおかげで、うちの店にもお客様が来てくださる」という感謝の気持ちも、本当の助け合いの精神もありません。そうしたことが協力体制の崩壊につながるのです。

働く人たちの心に道徳がなくては、事業は立ち行きません。「自分が生き残るために、集団の力をうまく利用しよう」という運命共同体から、本当にお客様のためを思って行動できる協同組合へ。「大協」では、心からお客様のために奉仕できる人をつくるために、テナントを含めた全員にモラロジーの社会教育センターの受講を勧め、後には社内勉強会も行うようになりました。

「ダイキョープラザ」の設立へ

そうする間にも、周囲の環境は厳しさを増していきました。

昭和五十三年に入ると、近隣でさらに三つのスーパーの開店準備が始まり、第二次スーパー戦争の様相を呈してきました。「大協」も集客のために、いろいろな策を打ちました。「十年前の価格を再現します」「こちらの駐車場は、お隣のスーパーへのお買い物にも使ってください」等々。お客様に楽しんでいただくために、朝市などのイベントも多く企画し、地元のボランティア団体への協力を目的としたチャリティバザーを開いたりもしました。しかし、イベントはにぎわっても、肝心の売上げはまったく上がりません。

われわれは一度倒産したところを、地主さんに無理を言って商売を続けさせてもらったのですから、絶対に潰すわけにはいきません。何とか突破口を開こうと、ショッピングセンターの裏の空き地にスーパーマーケット「ダイキョープラザ」を開店することになりました。協同組合「大協」の牽引役《けんいん》とする目的です。開店は昭和五十三年五月。当初は組合のメンバー七人の共同出資によるものでしたが、ほどなく行き詰まり、私個人の経営に切り替えることになりました。

開店セールの収束と同時に客足が落ちてきた、ちょうどそのころの出来事です。地元のモラロジー事務所の代表世話人を務めておられた谷正人《たにまさと》先生が、われわれの店に立ち寄られました。

谷先生は、こんな話をしてくださいました。

「今、隣のスーパーに行ってみたら、お客様でいっぱいだった。ところがこちらに来てみると、お客様がいない。あなたの店がなくなっても、誰も困りはしないのだ。しかし、始めてしまったものは仕方がない。どうしてもやるのであれば、神様のお手伝いができるスーパーにつくり変えなさい」と。

理解が追いつかない私に、谷先生は噛《か》んで含めるように説明されました。

「欲だけで商売をするのなら、隣の店のほうが強い。こちらより売り場が広い上に、商品も安く出しているのだから、当然だ。しかし、従業員の心を道徳的にたてかえて

『お客様の幸せのために尽くす心』を育《はぐく》んでいけば、お客様は喜んでやって来るようになる。従業員にそんな温かい思いやりの心を育むことが『神様のお手伝い』になるのだ。そのためには、まずあなた自身の心をたてかえて、先頭に立って道徳の実践に励むことだ」

「人づくり、心づくりの企業」を本気でめざしていこうという肚《はら》を決めさせてくれた一言でした。

谷先生の指導は、時に禅問答のようでもありました。あるとき、店を訪ねてこられた谷先生と話していて、私は何の気なしに「おかげさまで助かっています」という言葉を口にしました。すると「うん？　誰のおかげだって？」と聞き返されます。

そのときの私は、従業員を軽く褒めたつもりだったのですが、聞き返されて〝これは間違えたかな〟と思い、「いや、谷先生のおかげで……」と言い直しました。今度は即座に「ばか者が」という言葉が返ってきます。私にはもう、何が何やら分からなくなり、苦し紛れに「間違えました、モラロジーのおかげです」と言ってみると、またお叱《しか》りの言葉が飛んでくるのです。

そんなことを繰り返して「うちの従業員さんのおかげです」という答えにたどり着いたとき、先生は「うーん……」と言いよどんだ後、「あなたは『隣のスーパーのおかげ』とは思わないのか」とおっしゃいました。

従業員に対してならともかく、敵対関係にある隣のスーパーのおかげとは、訳の分からない話です。しかし自分自身を振り返ってみると、確かに競合店ができてから、変わったなと思う点はいくつかありました。

それはお客様一人ひとりにどうしたら喜んでいただけるかを、真剣に考えるようになったこと。テナントの仲間と心を一つにして取り組んでいくことの大切さも、「結束しなければ早晩立ちゆかなくなる」という危機感があってこそ、身にしみて分かったことです。

谷先生は「あなたの店ほどよくやってくれる従業員さんを、私はよそで見たことがないぞ」ともおっしゃいました。経営者は、従業員に対しては「うちで雇っている人だから」という思いがあって、外部からの応援や指導のほうを「特別にありがたいもの」として受けとめがちです。しかし、日ごろ一生懸命にやってくれる従業員こそが大切なのであり、第一に恩返しをしなければならない相手なのです。そうした点に気づくことができたのも、苦境に立たされてこそのことでした。いわば私自身に「経営に対する考え方が変わるきっかけ」を与えてくれたのが、隣のスーパーの存在だったのです。

谷先生が帰られるとき、もう一度「大変な思い違いをしていました」と申し上げると、「これは大事なことだ、間違えてはいけないぞ」。大切なのは、うわべだけの体裁や目上の人のご機嫌取りではありません。本当に大事なことを見失わない経営者の姿こそが、従業員にもお客様にも「この会社の経営理念」として理解されるのです。どのようなとき、どのような場合、どのような人に対しても、常に「他者オール肯定」で。これは本当に大発見でした。

● 杉一郎語録 ● 神様のお手伝いができるスーパーに ―― 中島寿美枝

ダイキョープラザの経営理念には、次のようにあります。

一、ダイキョープラザは、従事する一人ひとりの豊かな人格づくりと豊かな生活づくりのためにある。

一、ダイキョーのお店は、お客様一人ひとりに安心、満足していただくためにある。

一、ダイキョープラザは、健全な国家社会づくりに貢献する。

第一に掲げられているのが「従業員のため」。ここには、創業者の思いがそのまま表れていると思います。私はダイキョーに勤めて三十六年になりますが、この点にブレを感じたことはありません。

ダイキョーの経営理念は、会社の方針というより人生の指針のようです。親の恩を思うこと。大自然の恩恵に感謝すること。ダイキョーという職場の中で、仲間の幸せを祈り、お客様の幸せを願い、お取引先様を大切にする心づかいと行動によって、私たちの品性がつくられていくこと。それこそが、私たちを生み育て、生かしてくれている親祖先や神に対する報恩であり、ダイキョーの目的であること……。ここには生活のすべてに通じる事柄が書かれていますので、同僚の皆さんにも「何か困ったことがあったときには、経営理念を開いてみて。必ず何か、今の自分に関係することが書いてあるよ」と勧めています。

大渇水から学んだこと

スーパー「ダイキョープラザ」が開店した昭和五十三年は、福岡市全域が深刻な水不足に見舞われた年でした。雨が降らないものですからダムの貯水率は減り続け、夏にはとうとう断水が始まりました。自衛隊の給水車も出動しましたが、水は何をするにも必要ですから、どこの家庭でも水の確保に追われ、大変な苦労をすることになりました。

ふだん買い物に来てくださるお客様の関心も「食事の献立をどうするか」から「今晩の水をどうするか」という悩みに変わりました。ところがこのとき、われわれの店では敷地内に井戸が三本あったため、豊富な地下水を汲《く》み上げることで、店で使う分はまかなうことができていました。その井戸の水を、皆さんに使っていただくことにしたのです。

早速「閉店後は一晩中水を出しておりますので、ご自由にお持ち帰りください」と案内をすると、大勢の人が押し寄せてきました。ダイキョーでお買い物をされたかどうかは問わず、どなたにも無料でお分けします。従業員は仕事を終えると、高台のお宅までトラックで水を運んだりもしました。それでも水を求める人は多く、給水が間に合いません。店内の冷房や冷蔵庫をすべて止めれば、その分水がたくさん出るようになりますので、ついにはすべてをストップして、朝一番からの供給に切り替える決断をしました。そのため、生鮮食料品の販売は午前中の比較的涼しい時間帯のみとし、午後からは店を閉めて、水の供給に専念することにしました。

従業員の間では「この暑いときに冷房を止めてしまっては、お客様もたまらない。こんな時期には、どのみち大した売上げにならないとはいえ、すべて隣の大型店に取られてしまうのではないか」という声も上がりました。しかし今、お客様は何を一番に求めているかを皆で話し合い、一人でも多くの方に喜んでいただくために努力しようと決めたのです。

当日の朝、私が店に向かうと、あたりは大勢の人でごった返していました。〝水を汲むために並んだ人で混み合っているのだろう〟と思ったのですが、近づいていくうちに、そうでもないことが分かりました。冷房を止めて蒸し風呂のようになった店内も、大勢の人でにぎわっていたのです。午前中で売り切るつもりで仕入れた商品が、開店から一時間ほどで売り切れてしまったほどです。もちろん、その後は水運びのお手伝いに店を挙げて取り組みました。

翌日もまた、同じように店は混雑しました。この地域にはこんなにお客様がいたのかと思ったほどです。宣伝目的でやったことではありませんが、この取り組みが注目されて新聞には載る、放送局は来るということで、売上げはますます上がっていきました。四日目には待望の雨が降り、水不足の収束とともに給水も終了しましたが、お客様には非常に喜んでいただき、従業員もそれが励みとなって、いっそう仕事に精を出すようになりました。「小さな店だからこそ、お客様に喜んでいただける『本当のサービス』を実現できる」という確信を持った出来事でした。

商売人の卑屈な考えと思われるかもしれませんが、ある意味では皆さんが困っているときがチャンスなのです。それは「儲《もう》けるチャンス」ではなく、「喜んでいただくチャンス」です。これに気づいたら「買ってくれた相手か、買わない相手か」にかかわらず、とことん尽くしていくことだと思います。

●杉一郎語録●お客様が困っているときは「喜んでいただくチャンス」――杉 慎一郎

大潟水の話は私が小学校一年生のころですので、あまり詳しいことは分かりませんが、当時、街中で黄色い水取りタンクを積んだトラックをよく見かけたことを覚えています。

ダイキョープラザが無料で水を配っているとき、隣の店ではポリタンクやバケツを一生懸命に販売していたと聞きます。それは商売人として当然のことでしょうが、杉一郎は「経営者としての儲け」と「地域社会への奉仕」とを考えたときに、儲けを優先することはありません。常に「お客様に喜んでいただくこと」が第一であり、「皆さんが困っているとき、人としてどうあるべきか」ということが、儲け以上に最優先されるのです。

そうした自己犠牲の精神は、男性よりも女性のほうが敏感に感じ取られるのではないでしょうか。この大渇水の際の対応が、結果として「あの店は何かが違う」という評判につながり、ダイキョーという店を好きになってくださるお客様が増えていくきっかけにもなったのだと思います。

経営理念の浸透

お客様に喜んでいただき、感謝されることは、現場の従業員にとって大きな力を持ちます。大渇水の経験は、「お客様に喜んでいただける店づくりを」という経営理念が浸透していくきっかけにもなりました。

昭和五十三年の年末のことです。社会貢献の一環として、地元のボランティア団体の活動に協力していた私は、その団体が主催する独居老人のためのクリスマスパーティーに招待されました。その席で、ボランティア団体の女性役員が「ダイキョーさんはいいお店ですよ。皆さんもぜひダイキョーさんで買ってくださいね」と、皆さんの前で宣伝してくださったのです。〝スポンサーだから、おべっかを使ってくれているのかな〟と思いましたが、お礼を言おうと思って会が終わってから話しかけると、きちんとした理由があったことが分かりました。

その女性は、以前は肉を買うためだけにダイキョープラザに来ていて、ほかの品物は別の店で求めていたそうです。それがあるとき、ダイキョーの店内で、隣の店で買った豆腐を買い物かごから落としてしまった。すると従業員が飛んできて、落とした豆腐をさっと片付けると、代わりの豆腐を持ってきて「うちで落とした物はうちの商品と同じですから」と言ったというのです。

代金を払おうとしても頑として受け取らない従業員に、いささか気分を害した女性は〝豆腐一つぐらいで騙《だま》されないぞ〟と思ったようです。ところが店を出るとき、複数の従業員から「ありがとうございました」と気持ちのよい笑顔で見送られて、変に勘繰ったことが恥ずかしくなったといいます。それからは肉以外の品物もわれわれの店で買い求めるようになり、知り合いにも「ぜひダイキョーで」と勧めてくださっているということでした。

翌年の一月には、こんな出来事もありました。ある女性が、菓子折を持って店を訪ねてこられたのです。理由をお尋ねすると、ご本人が病気で寝込んでいるとき、ご主人がダイキョープラザへ買い物に来られ、生の衣つきのトンカツを求めたそうです。それを店内で調理してもらえないかと思い、テナントとして入っている鶏の唐揚げ売り場に持って行ったところ、落としてあった火をわざわざつけ直してトンカツを揚げてくれたというのです。

奥様は「お金を払おうとしても受け取っていただけなかったそうで、主人はみかんを一箱買って帰ると、私に『これからはダイキョーで買うように』と言いました。その話を聞いて、どうしてもお礼がしたくなったのです」と。その日、私は従業員の皆に集まってもらい、この二つの出来事について話しました。

商売人がお客様にサービスをするとき、多くは心の底に〝うちの店で買ってもらいたい〟という要求心があるものです。しかし要求心なく人様に尽くしたとき、その真心が伝わり、思いがけない結果がもたらされることになります。事実、これらの例では、従業員一人ひとりのとっさの判断でなされた心からのサービスに感動したお客様は、ご自身がダイキョーのファンになられただけでなく、「安心な店」として周囲の

「こどもの日」の青空市で竹とんぼをつくる著者（右端）

朝市にて

夜市にて

人にも勧めてくださっていたのでした。このときに使った心は、信頼の手数料ということでしょう。

六百円の刺身を夕方に半額にしたからといって、それを買われたお客様がファンになってくださるとは限りません。サービスとは、値段の問題ではないのです。「お客様が困っていることは何でもしてよい」というダイキョープラザの風土は、こうして築かれていきました。

●杉一郎語録● お客様が困っていることは何でもしてよい――杉 慎一郎

ダイキョープラザのサービスには、特別なマニュアルがあるわけではありません。そこには「経営理念に基づいて」という枠組みがまずあって、その上に先輩たちがつくってくれた土壌があるくらいです。ですから「これはいけない、これはいい」ということにはあまりとらわれることなく、自分でやりたいと思ったことに取り組める環境がそこにはあります。「お客様が困っていることは何でもしてよい」というのは、その象徴です。お客様が何を求めているかは、現場の人が一番詳しいのですから。同

じダイキョープラザの店舗だからといって「こうでなければならない」という型にはめようとすると、逆にダイキョーらしくなくなっていく気がします。

　画一化された形がないので、各店舗の形ができるまでには時間がかかりますが、経営理念をよく理解した管理職を中心に、それぞれの持ち味を発揮しながら魅力的な店づくりを進めてくれています。

女性中心の店づくり

　ダイキョープラザでは、その後も売り場面積の拡張や二号店の開店など、大型店に対抗する策を講じてきましたが、やがてスーパー戦争も最終局面を迎えました。昭和五十七年三月、もともと激戦区であった弥永の本店の五百メートルほど先に、全国チェーンの最大手が出店することになったのです。

　全国チェーンの進出が決まったとき、地元の新聞では「できたばかりのダイキョープラザはもたないだろう」という実名入りで報じられたほどです。一大全国チェーンの進出に、地元の有力スーパーですら「来たら潰れる」という雰囲気になり、事実、その多くはやがて立ち行かなくなりました。

こんな時代に、どうすれば生き残れるか。ダイキョーが取った戦略は、女性の力を最大限に生かしていくことでした。

そもそも「大手が来たら潰れる」などと訳知り顔に言うのは男性が多いものです。撤退していったテナントもあります。「潰れる店にはいられない」と、早々に辞めていくのも男性でした。その間にも、パートの女性たちは変わらず一生懸命にやってくれていました。こうした女性の力を生かさない手はありません。私は人事制度の見直しを始めました。

当時、世間では、正社員の男性とパートの女性とを比べると、給与面ではまだまだ大きな差がありました。「どんなに頑張っても、女性は男性の後」という男性社会では、女性たちもやる気が持てません。女性を守り、女性が安心して力を発揮できる環境をつくる。そのために、時給は大手スーパーの初任給の一割増しにしました。しかも、ここから一人ひとりの経験や実績に応じて昇給していくので、五段階に設定した時給の一番上なら、正社員の男性よりも収入がよくなる可能性があります。

新聞には「もたないだろう」と書かれたのに、時給を上げていったのですから、周囲には驚かれました。当事者である女性従業員にも「そこまでしないでください」と言われたほどです。それでも私は「あなたに拒絶されたら、ダイキョーは潰れる。会社のために受け取ってください」と、頭を下げてお願いしました。

もちろん、それ相応に責任も重くなります。主だった女性従業員を「あなただったらやれるから」と説得して回るのに、二か月かかりました。現場の女性をぞんざいに扱う男性の管理者には厳しく注意をしましたので、考え方が合わずに辞めていく者もありました。こうして女性を守ることができる環境を整えていくと、その女性たちがいよいよ力を発揮し始めたのです。

スーパーのお客様は、ほとんどが女性です。その心理がよく分かるのは、やはり女性従業員なのです。男性は何も考えずに売りつけるような態度になりがちですが、女性は違います。余った野菜はどうするか、こんな売り方はどうかと、お客様の立場に立って一生懸命に考えてくれました。その献身ぶりは、お客様の同情を買ったほどです。お客様が高いと言われたら、自分たちで何とかできないかと考えます。売り場づくりを通じて行われるそういった話し合いが、戦略本部のようになっていきました。「ダイキョーの従業員はお客様の味方」。共に戦ってきた地元の有力スーパーですら全国チェーンに押されて撤退していく中で、徐々にそんな雰囲気ができてきました。

●杉一郎語録● 現場の身になって考えよ ――杉 慎一郎

「女性を大切に」とは私も重々言われてきましたが、「男はダメだ」ということではありません。当時はまだまだ働く女性を軽んじる風潮があったことを踏まえて、「上に立つ者は現場で働く人を大切にせよ」というのがその真意です。

「従業員が分かってくれない」ではなく、「上司が現場の身になって考えることができなくて、どうするか」。それは杉一郎自身がそうした反省を重ねてきた人間だからこそ、言えることなのだと思います。

当時、ダイキョープラザの第一線で働いている人の心には、男女に関係なく「いざというときは社長が味方になってくれるはず」という安心感がありましたし、事実、父はそうやって従業員を守ってきました。

ところが当時、新入社員であった私が実際に父のところへ相談に行くと「おまえが悪い」と一蹴《いっしゅう》されました。会社を継いだ今になって初めて、あのとき父は何を伝えたかったのかが分かるような気がしています。

ダイキョーを守る会

当時、男性社会で小さくなっていた女性を積極的に登用するようになって、周囲の目も変わってきました。店のリーダー格になるのは「強いオカン」のタイプでしたが、私が裏で「男性社会でいじめられていたから、うちで守るんです」と、半分冗談のように言っているうちに、女性のお客様から「それなら私たちにも協力させて」と言われるようになりました。

初めはそんな従業員募集の際の口利きがきっかけだったのですが、私はそうしたお客様に「もっとダイキョーに入り込んで、指導をしてくださいよ」とお願いしていきました。こうして結成されたのが「ダイキョーを守る会」です。

大手が進出してくると、われわれのような小さな店は卸値をつり上げられます。私は卸業の経験があるのでよく分かるのですが、大手が安く仕入れて安く売っているからといって、これに価格で対抗しようと思ったら、徹底的に打ちのめされます。そこに割って入ってくれたのが「守る会」の女性たちでした。お客様の立場でいろいろな店を見て、「ダイキョーはこの価格で」と決めてくれるのです。

完全な有志の活動ですから、こちらは人件費もかかりません。それでも「守る会」の女性たちは、キャッキャと楽しそうに寄り合いをしています。ダイキョーは「守る会」で決められた価格で売り出しますが、「守る会」は決してダイキョーを陥《おとしい》れるようなことはしません。人柄のよい方ばかりが集まったためでもありますが、彼女たちにしてみれば「大企業が決めた価格にダイキョーの口を借りて物申す」という構図ですから、心から楽しんでいたのではないでしょうか。ダイキョーが潰れるようなことになったら、彼女たちだっておもしろくないのでしょう。

そして一般のお客様も、同じ女性の発想から生まれたことには納得しやすいのです。

従業員も女性が中心で「強いオカンたち」が結束しているのですから、敵はどうすることもできなかったと思います。
五、六人から始まった「守る会」は、燃え上がってくると三十人ほどにふくらみ、のちには店舗ごとに結成されるようになりました。

●杉一郎語録●ダイキョーは女性を守る――**中島寿美枝**

私も初めは従業員募集のチラシを見て、一日五時間のパートから始まりました。当時の弥永店は、すでに女性の主任が現場を取り仕切っておられて、活気があり、自然と「一緒についていこう」という気持ちになりました。今でも活躍している女性の幹部は大勢いますが、当時の先輩方はもっとパワーがあった気がします。

弥永店では三年間、いろいろなことを勉強させていただいて、社員にというお話をいただきました。勤め始めたころには想像もつかなかったことです。店長になってからは、杉一郎相談役のアイディアで、お客様を招いて食事会を開いたこともあります。そうしたお客様が味方になり、今もなお、お店を守ってくださっているのだと思っています。もちろんスタッフにも恵まれました。本当にいい方々に出会えたなと思います。

実は今、杉社長の奥様もパート従業員として店に出られています。相談役の奥様もふだんから女性従業員のことを本当に気遣ってくださって、一緒に栄養学の勉強をしたり、モラロジーの勉強をしたり、女性だけの小旅行が企画されたりと、楽しい思い出はたくさんあります。

女性を引き立てられた創業者の思いと、それにしっかり応《こた》えられた先輩の女性方。そのおかげで今、こうして仕事をさせていただけるのだと、感謝しています。

チラシを入れない戦略

ダイキョープラザの三号店である大橋店が開店したのは、昭和五十七年九月のことです。それは「将来的に手広くやっていくのだったら、ここでもどうか」と地元の人に請われてのことでしたが、開店準備を始めたときには、この店の近辺にもすでに全国チェーンの影は迫っていました。しかし、やがて大橋店にも「ダイキョーを守る会」ができて、お客様に助けられることになりました。

全国チェーンが進出してきたとき、まともにやり合ってはとても敵《かな》いません。それでも、ローカルにはローカルの戦い方があります。いわばゲリラ戦です。

スーパーではあらかじめ目玉商品を決めておき、新聞に折込チラシを入れて集客するのが常套《じょうとう》手段です。われわれはこれを逆手に取って「ダイキョーはチラシを入れません」と打ち出したのです。理屈はこうです。――紙は資源です。チラシで紙を使えば、森林伐採につながります。ダイキョープラザは自然環境を守る会社です、と。

折込チラシの代わりに打った策は、売り出しの当日に、特売品を大書きした看板を店頭に置くことです。その看板にも「ダイキョーは自然を守ります」と書きましたが、本当のねらいは別のところにありました。

チラシを印刷しようと思えば何日も前から準備をしなければなりませんが、こちらは手書きですので、当日の朝、相手の値段を見てから書き込むだけです。通常価格で一五〇円のマヨネーズを、相手が特価の一一五円というチラシを入れてきたら、ダイ

「ゲリラ戦」時代の店頭

キョーは「チラシ代を省いていますから」と言って、超特価の一〇八円に。ある程度の損をすることは覚悟の上ですが、原価はお互いに分かっていますし、こちらは紙代も印刷代もかかりません。特売の情報は当日、店に足を運んだお客様にしか分からない仕組みながら、ここでもお客様に助けられ、口コミで広まっていきました。この方法は大変なヒットでした。

お客様を味方につけたわけですが、よそのチラシをうちの宣伝に利用するようなものですから、卑劣と言えば卑劣な手です。競合からは「やり方が汚いぞ」と言われたこともあります。しかし、私は言い返しました。

「あなた方は大企業の圧力で問屋から買いたたいて、小さな者をいじめているじゃないか。本当に汚いのはどちらのほうか。私はダイキョーのためではなく、小さな業者のために断固として戦う」

実はこの発言も新聞で取り上げられて、結果としてダイキョープラザの名がますます知られることになったのです。

そもそも相手が仕掛けてきた戦いです。小売の大手が卸値を大幅に下げるように迫ったとして、問屋がそれに応じると、今度は同じような規模の小売店が「うちも」と言ってくるようになりますから、メーカーだって困るのです。全部を安くしたら、問屋は潰れます。大手がつくった「常識」を打ち破って、世の中を変えていきたい。そこには私なりの正義感がありました。

当時は一つの地域にいろいろなスーパーが次から次へと開店しては消えていき、何が何だか分からないくらいの混戦状態になっていました。われわれ程度の規模の店はすべて潰されています。これは巨大な全国チェーンと戦うためのゲリラ戦でした。大きな者にとってはどうということもなくても、こちらは命懸けです。

あの手この手の戦略に、地元の有力スーパーから「もうやめてくれ」と言われたこともありますが、ライバルがいなくなってはつまりません。相手のチラシを見て、それよりほんの少しだけ安くすれば、相手にも同情票が絡む。すると「ダイキョーを守る会」がまた燃え上がる。まるで漫画のようですが、お互いにある程度の筋さえわきまえていれば、非常におもしろい戦いでした。もう何十年も前の話です。

●杉一郎語録● 全員参加の店づくり

杉 慎一郎

当時の小売業は「仕入れの力」が物を言いました。野菜も肉も魚も、誰かが育てたものを集めてくるわけですから、仕入れた品物を一つ一つお客様に売ることで得られる利益というのは、わずかな額でしかありません。そこから諸経費を引くわけですから、「いかに無駄を省こうか」と考えるのが普通でした。

ところが「つくる」というのは全然違います。例えば自分たちで漬物を漬けたら、一本二、三十円のキュウリが百円の商品に変わる。大手は人件費を考えて、既製品を仕入れたり工場で生産したりするのですが、それを私たちは手づくりにすることで、お客様に喜んでいただき、実際に利益を上げてきました。従業員の皆さんが、お客様の少ないわずかな時間を使って、そのような作業をいろいろと考えながらやってくださった結果、今があるのだと思っています。

こうして皆で真剣に考えていくと、スーパーには「儲かる要素」がたくさんあります。漬物づくりは「杉商店」の時代に創業者自身が始めたことです。もちろん失敗することもありますが、まず「やってみよう」という風土があるのは、そんな当時の先輩方の努力のおかげだと思っています。

第二章　人を育てる

――「スーパーバリューグループ」と共に

スーパーマーケットグループの構想

全国チェーンが出店攻勢を強める中で、われわれのような規模の小さいスーパーマーケットにとっての厳しい時代は続きました。しかし、地域密着の戦略を展開したダイキョープラザとショッピングセンター「大協《だいきょう》」は、逆風の中でも順調に成長していきました。

すると行政のほうでも「おもしろそうなことをやっておるな」とかぎつけたのか、福岡市の中小企業指導所から「立ち行かなくなった協同組合の支援を頼めないか」と声がかかるようになりました。協同組合というものは、そもそもの性格が「わがままな経営者の集団」ですから、大手との戦いは抜きにしても、これほどうまくいっているところは珍しかったのでしょう。

何をやっているかと尋ねられても、われわれのやっていることはモラロジーしかありません。どうにかならんかと言われるので、まずは「とりあえず現場を見せてください」と言って、様子をうかがうことにしました。

訪ねてみると、そこも豪傑ぞろいの大変な集団でした。お互いがお互いをライバル視しているのですから、内部分裂寸前で、取りまとめ役の理事長も手に負えなかったようです。行政の指導ですら聞く耳を持たないのですから、よそ者の私が少々口を出したところで、すぐにどうにかなるとは思えません。それでも懇願されるので「この組合を強くしようと思うなら、本気で人づくりの経営を」という条件で、長期戦で立て直しに臨むことになりました。

豪傑軍団の理解は、やはりそう簡単には得られませんでした。何しろ「気にくわない理事長」が連れてきた私の言うことですから、気にくわないに決まっています。私はそうした経営者たちに「ちょっとお茶でも」と声をかけ、一人ひとりに話を聞いていくことにしました。

実のところ、彼らも「おれが言わんと誰が言うんだ」という思いが強いだけで、一人ひとりは悪い人間ではないのです。本心では、誰もが「この組合を何とかよくしていきたい」と思っている。その思いを丁寧に聞いていくと、「杉という者が来てゴチャゴチャ言うけれど、話は聞いてくれるぞ」ということで、徐々に心を開いてくれるようになり、一か月ほど通ううちに全体の雰囲気が変わってきました。その経営者たちを集めて、一緒にモラロジーの勉強会を始めたのです。

共同店舗とは、難しいものです。一つの店だけが伸びたら悲劇になりますから、全体を一緒に伸ばしていかなければなりません。そして繁盛店を育てるには、道徳が必要です。「この店が『よい店』かどうかは、お客様が決めることです。お客様に『この店の対応はすばらしい。こんなに私を大切にしてくれるのか』と感動されてこそ、お客様はついてきてくださるのです」ということを、一人ひとりに心から理解してもらうには、相応の時間が必要でした。

この「支援」の一例目は、昭和五十八年（一九八三）。一年がかりでショッピングセンターを大改造し、近隣の競合店に対抗できるように「スーパーマーケット部門」と「専門店部門」とに分けて、新装開店したものです。

私はこれと並行して、複数の地元スーパーに呼びかけ、共にモラロジーを学ぶ仲間づくりを進めていきました。「モラロジーに基づく人づくりの経営」と「中小スーパーによる支え合い」を掲げる「福岡スーパーマーケットグループ」は、こうした取り組みの中で生まれたのです。

●杉一郎語録● 起こり得ることを予知する——武末裕雄《やすお》

杉相談役の「語録」は数多くある中で、心に残っているのは、初対面のときにかけていただいた言葉です。

「私がモラロジーに出会って一番勉強になったのは、起こり得ることを予知する能力が上がってきたことです。私と一緒にこの学問を学んでみませんか。あなたが変わったら変われます」

その後、ご指導をいただくようになって目の当たりにした杉相談役の先見の明は、確かにすごいものでした。

今でこそ「女性活躍推進」と言われ、女性が重用される社会になりましたが、杉相談役は三十年以上も前から「女性の能力を活用しなければ、これからの時代は乗り切れない」と、常々おっしゃっていました。現在のグループ各社に対するアドバイスでも、この点は変わっておりません。

ダイキョープラザはそのころから、優秀な男性社員も多い中で、ひときわ女性の活躍が目立つ会社でした。杉相談役に弊社を訪ねていただいたときも、店内に目を光らせては「武末さん、あの女性を店長にしませんか」と。しかし不思議なもので、そうした女性社員が日の当たるポストに就くと、誰もが必死に仕事に打ち込む中で鍛えられ、成長し、いつの間にか自信もついて「適材適所」となってくるのです。本人も苦労はするでしょうが、「十分な権限を与え、いかにその壁を乗り越えるかという経験を積ませることが本人のためであり、結果として会社のためにもなるのです」ということを、杉相談役はいつもおっしゃっていました。

地元・対馬の有志と共に日露対馬沖海戦百周年記念事業をプロモートさせていただいていたころ、私はそちらの活動に精を出しすぎて、とても会社どころではなくなってしまいました。困ったことになったと思っていたとき、杉相談役の女性活用論を思い出し、ダイキョープラザで研修させていただいていた娘の聖子《しょうこ》を至急戻らせ、会社を丸投げ同然、任せることにしました。娘は当時、二十九歳。まだ大きな借金を抱えていた弊社を必死で支え、耐え抜いて、七、八年経つうちに、いつの間にか勇気と決断力のある社長に育ってくれました。今後は父娘そろって地域での社会貢献に励み、「世のため、何か一つの命」たる社会の公器をめざすことで、ご恩に報いたく思っております。

「道徳的な経営」を広めるために

われわれのグループは、一般的なボランタリーチェーンとは異なります。

もちろん仕入れを一括で行うことで、小規模な会社ではかなわなかった問屋との価格交渉も、ある程度は可能になります。しかし、これ自体がグループ設立の目的ではありません。単独では生き残れないことを自覚した加盟社の力になり、本来のスーパーに生まれ変わっていただくためのお手伝いをすること――つまりモラロジーを学び、本気で「道徳的な経営」を志す企業を支えていくことを目的としたグループです。

私はサラリーマン時代に縁のあった会社から顔も知らないような会社まで、ただ相

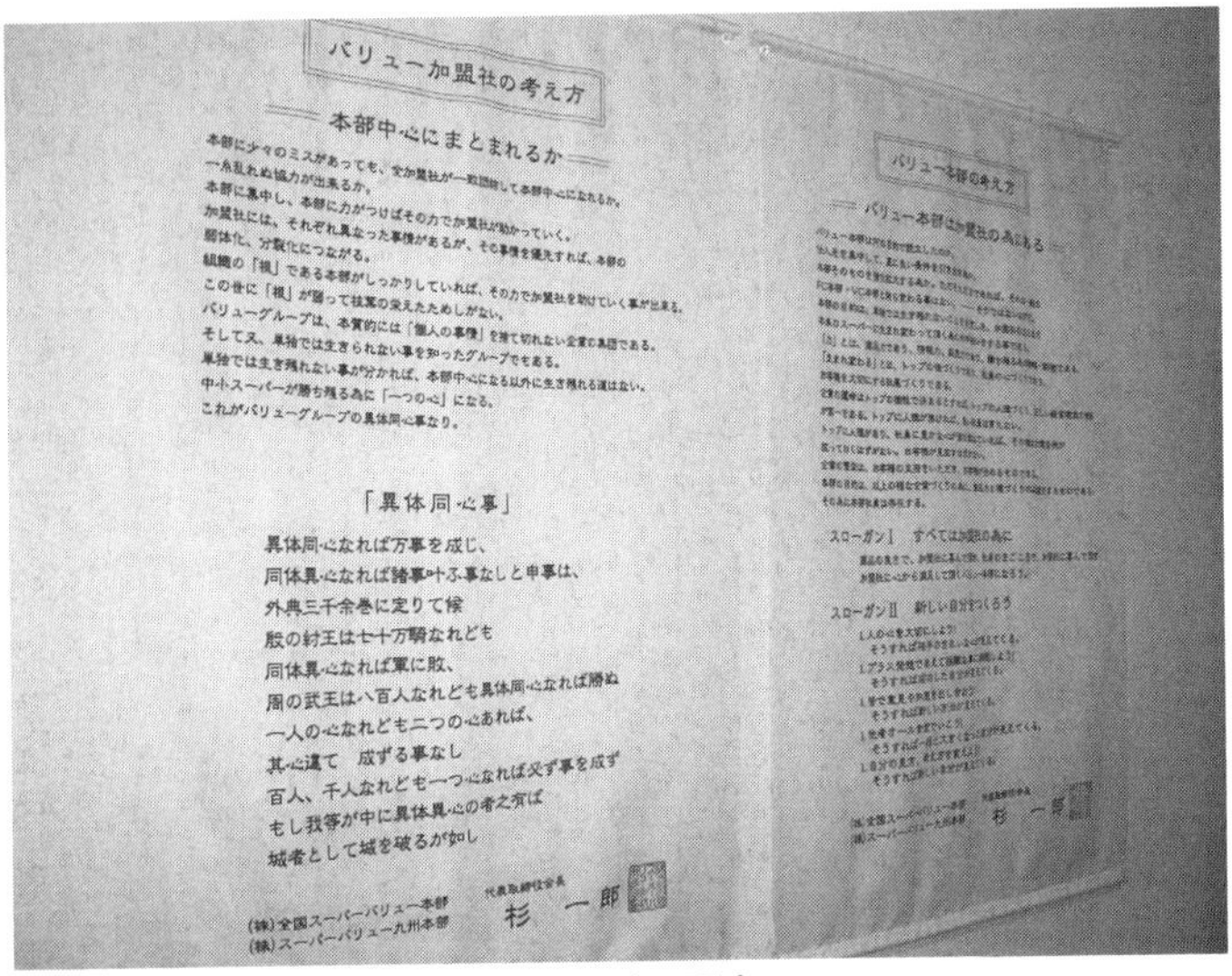

グループの理念

手がよくなることを願って一社一社を訪ねて歩きました。その背景には、かつて谷正人《たにまさと》先生から受けた「神様のお手伝いができるスーパーに」という教えがあります。ダイキョープラザだけがよくなっても、神様は喜ばないでしょう。自分の教わったことを次の人に伝え、同じ志を持つ仲間を増やしていくことが使命だと考えたのです。

　その働きかけは、完全なボランティアでした。アドバイスをして、相手がよくなればさっと立ち去るくらいの覚悟です。どこも初めは半信半疑でしたが、そのうちに相手のほうから「ぜひ一緒にやらせてください」と言ってもらえるようなグループに育っていきました。そうしたグループが、モラロジーの勉強会を核として九州の各県で組織されるようになり、平成二年（一九九〇）にはこれを一本化して、現在の「スーパーバリューグループ」の基礎が形づくられました。

それは中小の小売店を保護してきた「大規模小売店舗法」の規制が緩和され、廃止へと向かっていく時代でもありました。その後も時代の変化に応じて、グループの再編や新しい試みなどに取り組んできましたが、「バリュー本部は加盟社のためにある」という基本理念は一貫して変わりません。一方の加盟社には、個々の事情は捨て切れないことを前提としながらも、お互いに生き残るために「本部中心にまとまれるか」ということを、常に問うています。

【バリュー加盟社の考え方】本部中心にまとまれるか

本部に少々のミスがあっても、全加盟社が一致団結して本部中心になれるか。一糸乱れぬ協力ができるか。本部に集中し、本部に力がつけばその力で加盟社は助かっていく。

加盟社には、それぞれ異なった事情があるが、その事情を優先すれば、本部の弱体化、分裂化につながる。組織の「根」である本部がしっかりしていれば、その力で加盟社を助けていくことができる。この世に「根」が弱って枝葉の栄えたためしがない。スーパーバリューグループは、本質的には「個人の事情」を捨て切れない企業の集団である。そしてまた、単独では生きられないことを知ったグループでもある。

単独では生き残れないことが分かれば、本部中心になる以外に生き残れる道はない。中小スーパーが勝ち残るために「一つの心」になる。これが、スーパーバリューグループの異体同心事なり。


【バリュー本部の考え方】バリュー本部は加盟社のためにある

バリュー本部は、何の目的で設立したのか。仕入先を集中して、さらによい条件を引き出すためか。本部そのものを強化拡大するためか。ただそれだけであれば、それは一般のフランチャイズチェーン本部、ボランタリーチェーン本部と何ら変わることはない。そうではないはずだ。

本部の目的は、単独では生き残れないことを自覚した加盟社の力になり、本来のスーパーに生まれ変わっていただくためのお手伝いをすることである。

「力」とは、商品力であり、情報力、販売力であり、勝ち残るための戦略・戦術である。「生まれ変わる」とは、トップの徳づくりであり、社員の心づくりであり、お客様を大切にする社風づくりである。企業の運命はトップの徳性で決まるとすれば、トップの人徳づくり、正しい経営理念の実践が第一である。

トップに人徳がなければ、よい社員は育たない。トップに人徳があり、社員に豊かな心が満ちあふれていれば、そのような企業を神が放っておくはずがない。お客様が見放すはずがない。

企業の繁栄は、お客様の支持をいただき、お客様が決めるものである。本部の目的は、以上のような企業づくりのために、商品力と徳づくりの応援をするものである。そのために本部社員は存在する。

● 杉一郎語録 ● 商品力と徳づくりの応援を ―― 杉 慎一郎

われわれは「物集め」のプロ集団です。遠くまで行かなければ手に入らないもの、お客様が知らない「おいしいもの」を探し、全国から集めてくるところに、われわれの存在意義があります。その行為を通じてお客様に喜んでいただくことこそが、スーパーマーケットにとっての「道徳的に意味を持つこと」と教わってきました。お客様にとって必要な品物を欠品なく提供することが、道徳的に意味があることだと思っています。

「道徳経済一体」と言われますが、せっかくの教えも、現場で生かされなければ意味がありません。まず自分たちがやっている仕事の道徳的な価値を、しっかりと見据える必要があると思っています。

事例（二）公設市場からの転換

グループ内のA社は、公設市場がその前身です。今から三十年ほど前に市から払い下げを受け、協同組合としてスーパーマーケットを運営することになったのですが、もともとが「行政に集められた」という共通点だけの間柄ですから、豪傑ぞろいの経営者同士のこと、ライバル意識もそう簡単には抜けません。協同組合は一蓮托生《いちれんたくしょう》なのに、このままでは共倒れになります。

取りまとめ役になったYさん本人も、なかなかの豪傑でした。「あなたが変わらなければ、どうにもならないのです。あなたの店の売上げが三倍になると言ったら、本気でやりますか」と尋ねると、「それなら」と言うので、モラロジーを勉強することを条件に、グループに入っていただきました。とはいえ目標は、ご自身の店だけでなく、隣の八百屋さんや魚屋さんも一緒によくなっていただくことです。

そのような時期に、大型競合店の出店が決まりました。そのときに取った戦略が、当時、地域内で営業していた競合の魚屋さんや八百屋さんやお肉屋さんに声をかけて、A社の店内に入ってもらうことです。もちろん、それまでのお店の方々と一緒にモラロジーを勉強していただくことが条件でした。

一つ屋根の下にお肉屋さん、魚屋さん、八百屋さんが二店ずつできました。ここで

「店舗内競争」が発生しますが、潰《つぶ》し合うような競争ではなく、お互いを高め合うような競争にしなければなりません。

われわれのグループでは、こうした競争を肯定的にとらえています。一つの店舗の中で同じ品物を扱うテナントが複数出てくると、売上げが半減すると思われがちですが、そうとは限りません。特に青果・精肉・鮮魚といった生鮮品は、それぞれのテナントの持ち味を発揮しやすいのです。例えば「質のよい品物を、いかに安く仕入れるか」という、仕入れの力。ここでライバルに敵《かな》わなかったとしても、店内で一手間かけることで、惣菜《そうざい》や漬物など、よりお客様に喜んでいただける形にして提供することもできます。あるいは対面販売で「食べ方」の提案をすることで、自分たちの商品の魅力をより強く打ち出すこともできます。

それぞれの得意分野に磨きをかけるサービスの競争によって、高鮮度・高品質で豊富な品ぞろえを実現すれば、お客様は店内で比較と選択をすることになりますから、より納得して買っていただけるようになります。こうして買い物の満足度が高まれば、スーパー全体としての評価が高まり、より多くのお客様に足を運んでいただけるよう

経営者仲間が集い、モラロジーを共に学ぶ

になるのです。これはライバルがいるからこそできることでしょう。

A社の場合も、モラロジーを学びながらテナント同士で切磋琢磨《せっさたくま》することで、スーパー全体が盛り上がっていきました。Yさんは「A社の社長」としてスーパー全体のために奔走する立場になりましたが、結果として、ご自身のテナントでも売上げを伸ばしたのです。

商店街や協同組合では、とかく「隣の店よりも売上げがよければ、それでいい」という考えにとどまってしまうものですが、それでは発展性がありません。この店を変えていくために、自分はどうするのか。Y社長には、厳しいことも再三申し上げました。売り言葉に買い言葉で、私とはさんざんぶつかり合いましたが、やがてご自身で大切なことに気づかれ、「経営というものはトップの責任だ。失敗したら、自分がスーパー全体の社長として責任を取る」という肚《はら》を決めていったのです。それからのY社長は、本気で自分自身を変えようと努力されました。それは周囲の人たちも驚くほどの変貌《へんぼう》ぶりでした。

●杉一郎語録● 毒を薬に変える――矢野壽郎

当時、杉相談役の呼びかけで「福岡ニューモラル流通研究会」が結成され、道徳経済一体思想を学んでおりました。

研究会では時折、温泉等での合宿も行いました。あるとき、昼間の勉強が済んだ後、「続きは一風呂浴びてから」ということだったのに、夜になるとほとんどの人が温泉街に消えていってしまったのです。若かった私は憤りを感じて、まとめ役をしておられた杉相談役に「立派なことを言っても、結局は誰も育っていないじゃないですか」と噛《か》みつきました。

するとと「壽郎さん、『西遊記』を知っていますね」。――『西遊記』の三蔵法師《さんぞうほうし》は孫《そん》悟空《ごくう》や猪八戒《ちょはっかい》、沙悟浄《さごじょう》を従えて旅をしているわけですが、孫悟空が悪さをしても三蔵法師は動じません。その三蔵法師のもとに、従者たちも「衆生《しゅじょう》を救うために仏典を得る」という聖なる目的を忘れることなく、一緒に旅を続けるわけです。

杉相談役はこう言われました。「少々アクの強い人がいても、中心にいる者がブレなければ、それでいい。『毒にも薬にもならない人』が道徳を知っても世の中に与える影響は小さいが、アクの強い人が変わっていけば、それは大きな力になる。だから『毒を薬に変える努力』をしようよ」と。確かにそうした経営者の一人が変わったら、この人が次の人を連れてきて、またその人が変わって……というふうに、真剣にモラロジーを学ぶ人たちが増えていったのです。まったくツボを突いた言葉でした。

こんなこともありました。杉相談役は研究会で、よく環境問題への取り組みについて話しておられました。そのころ、ある大手のスーパーでレシートに再生紙を使い始めたことを知った私は「いつも環境、環境と言うダイキョーさんが一番にやるべきことではないのですか」と、生意気を言ったのです。すると「壽郎さん、再生紙をつくるのに水がどれだけ必要か、知ってる？」と聞き返されます。絶句する私に、杉相談役は「何トンの紙に対して、水は何トン」と、具体的な数字を挙げて教えてくださいました。そして「森は木を植えれば再生できるが、水は確認が難しいから、水のほうが危ないと思う。見せかけの環境保全なら、私はしない」と。何事も深く考えた末に行うものだと、反省させられた出来事でした。

事例（二）経営者の覚悟

長崎県の島嶼《とうしょ》部に店舗を構えるI社は、われわれのグループでモラロジーの勉強を始めた当初からのメンバーです。I社長は非常に真面目な方で、仕事にもモラロジーにも一生懸命に取り組んでいました。

ところが、こののどかな島にもスーパーマーケット業態のお店が開店しました。商店街に店舗を構えるI社長は悩み苦しみながら、新店舗の出店を決意しました。そんなI社長の力になれたらと、グループの仲間と連れ立って地元を訪ねたとき、何か心に引っかかったものがあることに気づきました。〝自分もこんな素敵な家に住んでみたいものだ〟。I社長の自宅を目にしたとき、そんな思いが、ふと心の中に浮かんできたのです。

よくよく考えてみると、経営者が他人からそんなふうに思われるのは、あまりよいことではありません。悪気はなかったとしても、近隣のねたみを買うような生活をしていては、競合が来たら必ずやられます。勝負を決めるのは、その土地に住んでいるお客様なのですから。

私は「自宅の近くに店を出すのなら、周囲から『立派な家』と思われてしまうのはよくないことだと思う。どうにかしたほうがいいのではないか」と、夜通しI社長に話しました。ところが、どうにも煮え切らない態度です。気心の知れた仲ですから、「借金があるの?」とまで尋ねました。借金はない、モラロジーもよく学んできている、それなのにどうして決断できないのか。しびれを切らした私は、三日目にはI社長の奥様を呼んで、事の次第を話しました。

「そうでしたか、それは気づきませんでした。教えていただいて、ありがとうございます」。奥様はそう言うと、すぐにご主人の説得にあたってくれました。その家は、今は亡きI社長のお母様ががんを患い、最期の時を過ごすために建てた家でした。今は亡き親を思って動けなくなっていたI社長も、奥様がそう言うのならと、とうとう自宅を取り壊す決断をされました。

事情を知ったときは、さすがに申し訳ないような気持ちになりましたが、私はこう言いました。「あなたの店と向こうの店とでは、立地に大きな差はありません。ただし、あなたは自分の土地に建てるのだから、向こうよりも安くつくることができる。あとは、どれだけ地域の方々に親しみを感じていただけるかです。これからも地域貢献はしっかりやってください」と。

その後も正直、真面目を貫いたI社長。もともと地元の野菜を扱う小さな店を開いていたお宅で、いわゆる「商売がうまい人」という雰囲気ではありません。しかし、スーパーマーケット同士の戦いを制して地域の一番店となりました。

「世のため人のため」という心がなくては、商売はうまくいくはずがありません。儲《もう》けようと思ってするのではなく、地域のため、お客様のために。そのように経営者が覚悟を決めたとき、結果は後からついてくるのです。

●杉一郎語録●事が起こる前の「前始末」を――井上景介

杉相談役に初めてお目にかかったのは、福岡市内の企業向けの研究会に参加したときのことです。当時、福岡モラロジー支部（現在のモラロジー協議会）でお手伝いをしていた母からは「いかにも企業経営者らしい、凛《りん》とした方だ」と聞いていましたが、実際にお会いした印象は非常に穏やかで、包み込まれるような温かさを感じました。

その後、公私共にご一緒させていただくことが増えましたが、山をはじめ自然をこよなく愛する杉相談役は、小さな草花も決して粗末にはされません。そのお人柄こそ、困っている人に手を差し伸べて立場の弱い小規模個人経営のスーパーを取りまとめ、バリューグループという強い集団をつくり上げられたゆえんでしょう。

私自身は異業種ながら、杉相談役にはいろいろなことを教わりました。「前始末」という言葉もその一つです。

ある加盟店のそばに空き地ができたとき、杉相談役は「すぐに借り上げるように」

と指導をなさったと聞きます。その店にとってはそう大きな利用価値はない土地のようでしたが、立地的に、競合が出店してくる可能性が非常に高い場所だったのです。それは競合店の進出を事前に阻むための策でした。

「事が起こった後にするのは『後始末』というものだ。それではもう遅い。何事も先を読んで、事が起こる前に手を打つこと。それが『前始末』である」と教えていただきました。

事例（三）「助ける側」の覚悟

やはり長崎県の島嶼部に店舗を構える、S社の事例です。

I社とは別の島ですが、こちらも地域密着で商売をしてきて、島内の少し離れた場所に二号店を開店した矢先のことです。西日本でも有数のスーパーマーケットチェーンが、その二号店のすぐ隣に店舗の建設を始めました。

相手はS社と道路を一本挟んだだけという場所を、なぜ選んだのか。そこには恐ろしい意図がありました。「S社は早々に撤退するだろうから」と高を括《くく》っただけでなく、潰した後はS社の店舗を居抜きで使おうという魂胆まで持って、堂々と隣にやって来たのです。後になって聞いた話によると、図面から何から、すべてそのつもりで用意していたようです。

相手は北九州市に本社がある会社でしたので、私は創業者のところへ抗議に行きました。ところが「いや、すまんな。しかし、うちは個人経営ではないから、広げていかなければならないのだ。店舗を出した先に競合がいれば、潰すだけだ」と、はっきり言われます。「それなら胸をお借りして、本気でやらせていただきます」。そうお断りした私は、S社に四十日間腰を据えて、相手を迎え撃つことにしました。

われわれの戦略は、かつてダイキョープラザが全国チェーン対策としてやったことと、ほぼ同じです。S社では「何月何日に特売をやります」という告知だけはしますが、品物や値段を明記したチラシは印刷しません。そして特売の当日、相手が入れてきたチラシを見て、それよりも少しだけ安い値段を店頭の看板に書き込むのです。

絶対に負けられないという覚悟で臨んだ戦いですが、S社の社長には「勝つと思ったら、人間は傲慢《ごうまん》になる。慢心だけはしないように」と言っておきました。わざわざそんなことを言わなくても、もともと頭が低すぎるくらいに謙虚で人のよい方です。相手のチラシには、すべて私が対処しました。

結果として、相手はわずか数年で手を上げ、撤退していったのです。先に「胸をお借りします」と筋を通しておいた経緯もあってか、相手も文句を言ってくることはありませんでした。S社はその後、モラロジーに基づく人づくりの経営を実践され、きめ細かな真心のサービスで地域の一番店になっています。

商売の世界は競争ですから、本当にいろいろなことが起こるものです。グループ内で支援を必要とする会社が出たとき、われわれはこんなふうにして助け合ってきました。しかし、その状況は一つ一つ、人も違えば土地柄も違う、また時代もどんどん変わっていくのですから、通り一遍の支援では済みません。一人の力では限界がありますが、皆で知恵を絞り、話し合うことで、今では一つの問題に対して三案程度の解決策を提示できるくらいの力がついてきました。

それは「困っている相手のため」だけではありません。仲間のために知恵を絞った自分自身も、考えた分だけ成長できるのですし、そうしてつけた力がまた、次の人を助ける力になっていくのです。もちろん、そこにはモラロジーの学びも欠かせません。

時には失敗することもあるかもしれません。私自身もダイキョープラザで数々の失敗を経験してきました。しかし、そんなときも「次に失敗しないための貴重な勉強をさせていただいた」と受けとめて、逃げずに対処する。どんな試練に直面しても、根本は決して揺らぐことのないグループに成長していくことを願っています。

●杉一郎語録●まず経営者自身が変わること――佐伯邦夫

私はもともと小さな店を営んでいました。それが昭和六十三年、スーパーマーケットの経営を思い立ち、経験もない中で開店準備を進めていたところ、近所に地場スーパーが新築移転してくることが決まり、先の見えない不安を感じていました。そのころにスーパーマーケットグループの存在を知ってモラロジー経営セミナーに参加し、グループの代表である杉相談役とのご縁をいただくことになりました。

当時の私は不安とグループ加盟への期待のはざまにありましたが、そのセミナーで聞いた杉相談役の経営上の体験談は想像を絶するもので、自分自身を向上させるための努力を怠らない方という印象を持ちました。しかも一人ひとりと向き合う際の優しく丁寧な対応には、温かいお人柄を感じます。まだ店舗の建設途中であった私も、希望を持つことができました。

環境変化の激しい小売業界にあって、杉相談役は中小スーパーによるグループの代表として、グループ各社の救済に心血を注いでこられました。私自身もご指導とご支援を受けてスーパーの開店にこぎつけたものの、大勢の従業員の上に立つ立場になってみると思うようにならないことも多く、当初は煩悶《はんもん》する毎日でした。すると、杉相談役はこう諭してくださいました。

「店は小さくても潰れるし、大きくても潰れる。潰れない方法はただ一つ。それは経営者であるあなた自身が変わることですよ」と。

私がモラロジーの教えを「自分が変わるための学び」にしていこうと思うようになったのは、それからです。

杉相談役はモラロジーの「道徳経済一体思想」を基本とする経営理念を掲げ、これをグループ各社で共有してきました。また、グループ各社の後継者の育成にも心を砕き、物心両面で支えながら、成長の機会をつくっていただきました。わが社が地域の方々から必要としていただける企業になってきたのも、ご指導のたまものと感謝しています。

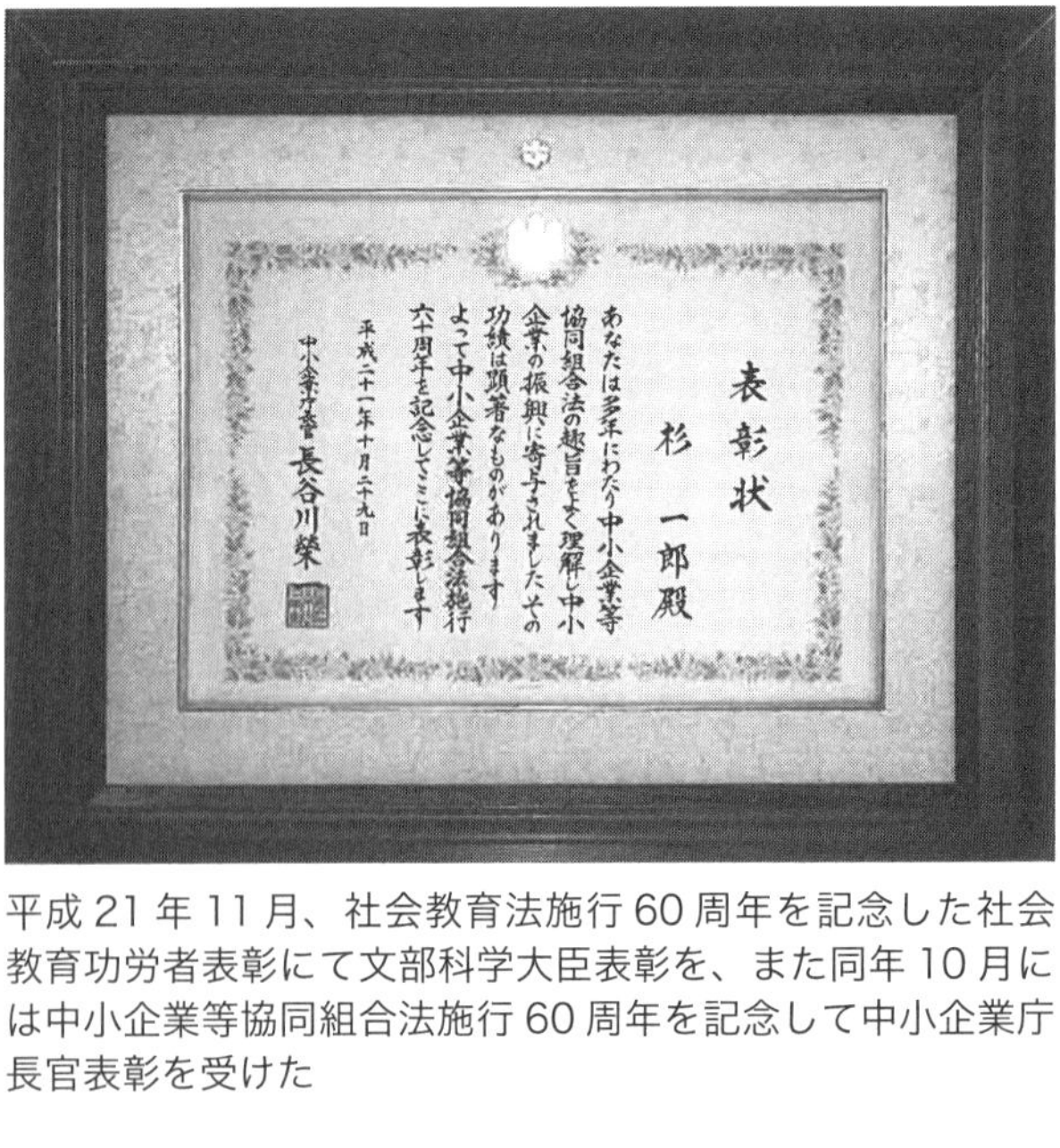

平成 21 年 11 月、社会教育法施行 60 周年を記念した社会教育功労者表彰にて文部科学大臣表彰を、また同年 10 月には中小企業等協同組合法施行 60 周年を記念して中小企業庁長官表彰を受けた

第三章 「道徳経済一体」の経営をめざして

従業員の「親」になる

私がモラロジーを学び始めたころの話です。

協同組合としてショッピングセンター「大協《だいきょう》」を運営しながらスーパーマーケット「ダイキョープラザ」を開店した当初、周囲は大型店がどんどん進出してくるという厳しい環境でした。「このままでは潰《つぶ》れてしまう」という危機感の中、共に戦う仲間であるはずの従業員やテナントのオーナーとの関係も、すべて良好というわけにはいきません。四十そこそこの私は、苦労に苦労を重ねていました。

何とかならないものかと、聞きかじったモラロジーの話を従業員やオーナー仲間の前でしてみるのですが、肚《はら》の底には〝自分は悪くない。相手が悪いのだ〟という気持ちがありますから、聞いている人たちもそれを敏感に感じ取ります。「モラロジー、モラロジーと言うが、社長だって本心は違うんじゃないか」と。

そんなときに受けたモラロジーの講座で、ある講師から「従業員の『親』になることですよ」というアドバイスを受けたのです。講座が終わって会社に戻ると、心を入れ替えるつもりで「今までの私は間違っていました」と皆さんの前でお詫《わ》びしましたが、なかなか「親の心」にはなりきれません。少し時間が経つと、また相手を責める心がわいてくるのでした。

その一年後、再び講座を受講したときのことです。講義が終わって夜になり、食事も終えて寮の部屋に戻ると、相部屋の先輩方が何やら書き物をしていることに気づきました。聞けば皆、ご両親にはがきを書いているのだといいます。「あなたもどうですか」と言って、はがきどころか便箋《びんせん》に封筒、切手まで分けてくださるので、私も言われるままに机に向かいました。

実のところ、私は日ごろから親にはたびたび電話をかけていましたし、その講座に来る前も実家に立ち寄り、顔を見てきています。自分の親に手紙を書いたことなど、ただの一度もありませんでした。「お元気ですか」というわけでもなし、何を書いたらよいのか、さっぱり分かりません。そうこうするうちに、相部屋の皆さんは次々横になり、いびきをかき始めました。私も部屋の明かりを消して休もうとしたのですが、先輩方は狸寝入《たぬきねい》りで見張っていたのか「あなた、まだ手紙を書き終わっていないでしょう。そのままでいいから」と。私は仕方なく、再び真っ白な便箋と向き合うことになりました。

夜が更けていく中、やがて心に浮かんできたものがありました。それは幼い日の思い出です。——田植えをしているとき、「泥水が目に入った」と言うと、母が舌先で泥をすくい取ってくれたこと。そのときに感じた、ミルクのように甘い香り。私が川に落ちたときのこと。高校に進学するとき、兄のお下がりの学生服が気に入らず、破いてしまったこと。それをすまなそうに繕ってくれた母の姿……。いろいろな思い出が、走馬灯のように脳裏をめぐり出しました。

振り返ってみると、終戦直後の厳しい時代の中で、母はどれだけ私たち子供のために心を砕き、愛情をかけてくれたか。その親心の深さを思ったら、口では「従業員の『親』になる」と言いながら、私の心づかいは何と頼りないものだったか——。一晩かけて手紙を書きながら、今度こそ「このままではいけない」と思いました。

親であれば、できのよさにはかかわらず、すべての子供がかわいいものです。むしろ、できの悪い子ほど心配でたまらないものではないでしょうか。それまでの私は、成績のよい従業員には愛情を持って接することができても、成績が悪い人に対しては心のどこかで責めていたのです。講座から帰った翌日、朝礼で皆さんに再びお詫びの言葉を述べると、決意をもって、ある取り組みを始めました。

当時は「ダイキョープラザ」も一店舗だけの、小さなスーパーでした。そこで働いてくれている人たち、一人ひとりとしっかり向き合って、今まで心の中で責めていたことを謝ろうと思ったのです。毎日一人ずつ、一緒に昼食をとりながら、私の至らなさを詫びました。それは目の前の相手に私の思いが伝わるまで続きます。中には心を通わせるのに、十日かかった人もいました。そして、食事をしながら〝この人の親にならなければ〟という思いを私自身の心に刻んでいくのです。

数人の従業員との話が済むと、後はスムーズでした。ほかの従業員にも、私が本気であることが伝わっていったからです。そして従業員の半数への謝罪が済むと、社内の雰囲気がガラッと変わりました。

会社というものは、本当にトップの心次第です。社長だけがよくて、従業員が悪いということはありません。欠点だらけの人間が、自分の欠点を棚に上げて相手の欠点を責めたとして、誰が聞く耳を持つでしょうか。従業員によくなってほしいと思ったら、まず社長自身が必死に「変わる努力」をしなければならないのです。それこそ、自分のことを憎んでいる相手に対しても「自分が間違っていたのに、あなたを責めて本当に申し訳なかった」と心から詫びて、涙を流しながら相手と抱き合えるようになるほどに。

経営理念を浸透させるときも同じです。どんなに立派な理念を掲げても、社長自身が実行できていなければ、従業員は「嘘《うそ》ばっかり」と必ず見抜きます。経営理念とは経営者の宣誓文のようなものです。ダイキョープラザの経営理念は「私自身の生き方が問われているのだ」という覚悟をもって、半年ぐらいかけ、それこそ一言一魂ぐらいに心を入れて手書きでつくりました。

●杉一郎語録● 成長とは変わることなり ——— 杉 慎一郎

ダイキョープラザの経営理念は、こんな一文で締めくくられています。

――まずあなたの考え方を変える努力をしてください。あなたの行いを変える努力をしてください。そして本当に変わろうと思ったら、あなたの心を変えてください。あなたの心があなたのすべてを決めるのだから。お客様のことを第一に考えられるあなたに！　仲間のことを第一に思えるあなたに！　それにはまずあなた自身の心をつくり変えてください。自分の心の実態を探求し、自分の心でも自分でどうすることもできない自分を知ってください。そして自分の心を立てかえるために必死の努力をしてください。あなたの心があなたの運命を決めるのだから――

苦難に直面するたびに他人を恨みそうになり、そんな自分に対して「いや、待てよ」と言って反省する。そんなことを繰り返してきた創業者の、自分自身への戒めとして生まれた言葉が、今では私の戒めとなっています。

どんなときも相手を変えようとするのではなく、「おまえ自身がまず変わらなければならないのだ」という反省を自分自身に向ける。そんな創業者の後ろ姿によって、多くの人が動いてきたのだと思います。

会社は「社長のもの」ではない

従業員が幸せになることと、店の繁盛。これはイコールです。

不平不満は顔に出ます。現場で働く従業員が暗い顔をしていたら、それだけでお客様は離れていきます。われわれの店は幸いにも、一生懸命お客様のために尽くそうとしてくれる人ばかりです。するとお客様は安心して、お友だちにも「この店だったら大丈夫」と言ってくださいます。

お客様第一を掲げる企業は多いものです。しかし、それは本当に「第一」なのでしょうか。よくよく考えてみると、個人商店だったら、それでいいのかもしれません。自分の店を維持するために、お客様を大切にするだけのことです。しかし一緒に働いてくれる人が増えてきたら、自分一人が一生懸命にやっても、一部の従業員がお客様とトラブルを起こせばすべて台なしです。従業員が「会社は社長のもの」と他人事のように思っている限り、経営者と同じ心でお客様に尽くすことはできないでしょう。

われわれの経営理念には「ダイキョープラザは社長のものでも、株主のものでも、一社員のものでもありません。会社は全従業員の豊かな生活を実現するためにあり、全従業員の豊かな心づくりのためにあるのです。そのためには全員で知恵を出し合い、汗を流して努力していかねばならないのです」と明記してあります。経営者というものは「潰れたら自分の責任」と思っていますから、どうしても「会社は自分のもの」と思ってしまいがちです。しかし、実際に企業を守っているのは従業員なのです。ダイキョーが「従業員第一主義」を掲げるゆえんです。

特にオーナー経営者の場合、この点に誤解があると不安に陥りやすいものです。私財を投じて一生懸命になるのはいいのですが、業績がよいとニコニコして、悪くなるとヒステリックになる人の、なんと多いことでしょうか。

現場の従業員に心のゆとりがないと、なかなかお客様に喜んでいただけるサービスはできません。そして経営者自身の心が安定していなければ、従業員の幸せを祈ることはできません。だからこそ、われわれはモラロジーという道徳の学びを大切にしているのです。

●杉一郎語録● 従業員の幸せを祈る――大道和彦

五島列島にあるグループ内のスーパーに赴任したときのことです。私は同業他社から転職してきたばかりでしたが、改装オープンする店舗の責任者になり、開店の当日は杉相談役も応援に来られました。事件はそこで発生します。

記念すべきめでたい日だというのに、売り場の冷凍ケースが壊れていて、稼働しないのです。前の会社でのことを考えたら「責任者は何をやっているんだ！」と怒鳴られて当然の大失態です。ところが顔面蒼白《そうはく》になる私に向かって、杉相談役は事もなげにこうおっしゃいました。

「大道君、いい考えがある。ここに氷を入れよう。かえっておもしろいかもしれんぞ」

この一言にどれだけ救われたか分かりません。思い出すと今でも涙がこぼれます。

入社当初は何もかもが驚きでした。一番最初に言われたことは「仕事ばかりしていてはいかん。家庭を大事にしなさい」。そして「何をすればお客様に喜んでいただけるか」ということを、繰り返し教えられました。「あんたは大手におったんやろうけ

現在の日曜朝市の様子

ど、このことだけを考えていれば、店は素人でもできる」と。売り場づくり一つとっても大手の「常識」とはかけ離れていますが、実はこちらのほうが「お客様の目線」には適っているのです。

前職の上司が、ダイキョープラザの弥《や》永《なが》店を見学に来たことがあります。売り場を見るなり「何だ、これは」。もう、ぼろくそに批評されました。ところが店内をもう一周してくると、ダイキョーの売り場づくりの視点に気づいたのか、「やっぱりすごいな、ダイキョーは」と、感心しきりでした。

仕入先が一回頭を下げたら

モラロジーの創建者であり、「道徳経済一体思想」を提唱した廣池千九郎《ひろいけちくろう》博士（法学博士、一八六六〜一九三八）は、「従業員」に続いて「仕入先」を大切にすべきことを説いています。

われわれ小売店は、お客様が店舗に足を運んでくださったとしても、そこに商品がなければ商売が成り立ちません。「仕入先様なくしてダイキョープラザなし」。この点は創業当初から徹底してきました。

昔のスーパー業界では、問屋たたきが常識でした。商品を仕入れる側は、問屋に「小ロットで低価格」などという無理難題を突きつけ、相手が渋ると途端に高圧的になります。メーカーや問屋にとっては小売店が「お客様」にあたりますから、「条件を呑《の》まなければ買ってやらない」と言われたら、むげにもできません。私も食品卸会社に勤めていた時代に、それを経験しています。

しかし問屋も商売ですから、負けてはいられません。小売店が上から物を言ってくれば、問屋の側も何とかごまかして儲《もう》けようとします。そんな「ずるい人同士の戦い」が繰り広げられていたのです。それは人間の本能というものかもしれませんが、これでは付き合いも長続きしません。

われわれ小売店は、あくまで「商品を売らせていただく」という立場です。私は現場の従業員に「仕入先さんが一回頭を下げたら、こちらは三回下げるように」と指導しています。それを徹底しなければ、仕入先から「お客様扱い」をされるうちに勘違いをして、こちらが偉くなったような気分になるものです。仕入先をぞんざいに扱うような会社にいい商品を納入しようとは、誰も思うはずがありません。

商売とは、やはり誠心誠意、人の心を大切にするということが基本です。ずるいことをして、一時的には儲かったように思えても、やられたほうは悔しいから、仲間にも「あいつと取引をしたら、大変なことになるぞ」と触れ回るでしょう。そうして失った信頼の代償は、相手を痛めつけて得た利益の何倍になるでしょうか。

ダイキョープラザでは、仕入先との関係を「取引」ではなく「取り組み」ととらえて、次の二つの点を軸にしたお付き合いをさせていただいています。

一つ目は「せっかくご縁を得たからには、末永くお付き合いをさせていただこう」ということです。商売上の「取引」では、仕入先の提示する卸値が気に入らなければ関係を断って、もっと条件のよい仕入先に乗り替えるのが普通でしょう。しかし「取り組み」の視点からは、仕入先の提示価格がなぜその数字になるのかを話し合い、問題点を明確にして、お互いに協力し合って問題の解決に当たるべきなのです。

二つ目は「モラロジーを共に学ぶ」ということです。もちろん強制ではありませんが、「道徳経済一体」という考え方を少しでも理解していただき、幸せになっていただきたいと思うからです。幸い、ほとんどの「取り組み先」が関心を持ってくださり、共に道徳的な経営をめざして学び合っています。

● 杉一郎語録 ● 仕入先様なくしてダイキョープラザなし ―――― 合屋直行

こんにゃく製造販売の「株式会社やきやま」は、ダイキョープラザの創業前、杉相談役が食品卸会社に勤めていたころからのお付き合いです。

ずいぶん前の話になりますが、こんにゃくの原材料価格が倍にまで高騰した際、やむを得ず卸値の値上げを打診したことがありました。結果として、取引を打ち切られた納入先もありましたが、ダイキョーさんはこちらの事情に理解を示してくださり、今でも納入を続けさせていただいています。

安心してお付き合いができる分、わが社では品質管理に力を入れ、平成二十年に食品の国際認証であるSQF2000／HACCPを、世界で初めて「レトルトおでん」で取得することができました。翌年にはこんにゃくでも取得し、皆様に安心して召し上がっていただくための取り組みを続けています。

おせっかいな店

「お客様の困っていることは何でもしてよい」。ダイキョープラザでは開店当初から、従業員にこう伝えてきました。マニュアルで接客態度を指導するのではなく、この理念に基づいて、一人ひとりが考えて行動するように促したのです。

急な雨でお客様が困っていたら、バックヤードの仕事を中断して車を出し、一人ひとりをご自宅までお送りする。小さなお子さんを抱いたお母さんが来店されたら、心置きなく買い物を楽しんでいただけるように、従業員がお子さんをお預かりする。関東から越してこられたお客様が「うちの子はあのメーカーの牛乳しか飲まないので、困っている」と言われたら、小一時間も走り回って販売している店を探し出す。中には、号令をかけた私ですら「ほどほどにしておかないと、うちが潰れるぞ」と言いたくなるようなサービスもありました。当時は暇だったからこそできたことだと思いますが、お客様に喜ばれる経験をした従業員は、ますます「やる気」を引き出されて、お客様のために尽くすことを徹底してくれるようになりました。

ダイキョーは「おせっかいな店」です。従業員一人ひとりがそうした気持ちを持っていますから、お客様がうろうろしていたら「何かお困りではないでしょうか」と声をかけます。そのときは「いや、何も」と言われても、そういう店だと分かったら、何かの機会には気軽に相談してくださるようになるかもしれません。常連のお客様から「今日はあなたの顔を見に来たのよ」と声をかけられる従業員も大勢います。

時には、おせっかいが過ぎることもあるかもしれません。余計なおせっかいで、ちょっと迷惑に感じるお客様もあるかもしれません。しかし、そのおせっかいが「お客様を心配するあまり、つい出てしまったおせっかい」だとしたら、その心自体は、とても大事なものだと思います。

一方で、お客様からのクレームは「ダイキョーの悪いところを教えていただいた」と感謝しなければならないと伝えてきました。

例えば、豆腐を買ったお客様が「いやな匂《にお》いがする」と言って電話をかけてこられたとします。私なら、誰かにクレームの電話をかけようと思うだけでも気が重くなります。そこへ電話を受けた者が「えっ、本当ですか？」と疑問符をつけた瞬間、〝疑われやしないか〟とビクビクしているお客様の心を傷つけることになります。ましてや「その豆腐を店に持ってきてください」などと言われたら、お客様はどれだけ負担に感じられるでしょうか。調理の際に豆腐が腐っていることに気づかず、そのまま家族に出してしまったとすれば、楽しい食卓も台無しになります。豆腐一つのことであっても、与えた損害は計り知れません。

従業員とはこんな話をしながら、お客様の思いに心を馳《は》せることの大切さを教えてきました。私自身もクレーム処理担当部長のようにして、ずいぶんお客様のところへ謝罪に行ったものです。精神的な損害を金額で計ることはできませんが、ダイキョーではクレームを受けたら、十倍はお返ししようと言ってきました。

●杉一郎語録●常に「お客様の目線」で――杉 慎一郎

息子の立場からすると、プライベートではとにかく優しい人ですが、仕事となると違う顔を見せます。妥協なし。朝令暮改は当たり前。こう言うと褒め言葉には聞こえないでしょうが、それくらい「よく考える人」でした。考え始めると止まりません。

私が一従業員としてグループ内のスーパーで仕事をしていたころ、そこの社長を訪ねてきた父に、売り場をやり替えるように指示されたことがありました。それから本部のバイヤーの方々と四、五人で、一、二時間もかけて父の言うように商品を並べ直すと、社長との話が終わって売り場を見た父が「やっぱり元に戻そうか」。そんなことは日常茶飯事でした。「これがいいと思ったらやる」「お客様の目線に立って、違うと思ったら戻す」ということです。常に最善を尽くす人でした。創業時は、父自身も幹部と一緒になって、夜な夜な棚替えを試みていたようです。

　私が小学生のころ、父はそんな仕事から毎晩遅くに帰ってきては、店に出す自家製の漬物を漬けていました。真冬の寒い夜も、十二時過ぎぐらいまで漬物をかき混ぜる音がしているのを聞きながら、子供心に〝まだ終わらんのかな〟と思っていました。まだダイキョープラザができてすぐのころの話です。

心の勉強

　私が初めてモラロジーの講座を受講したとき、相部屋の先輩からこんな話をうかがいました。

「ここで少々勉強をして、それで終わりではありませんよ。道徳の知識が頭に入ったからといって、人間はそう簡単に変わるものではありません。昔の人なら、自分の心をつくるためにお滝行や念仏行などの『行《ぎょう》』に取り組んだのでしょうが、今、私たちはどうするか。まず大切なことは、この勉強を続けていくことです。十年か二十年もしたら、きっと何とかなりますよ」と。

当時は自分の店の隣に大きなスーパーができて、一年後はどうなるかも分からないような状況でした。〝そんな気の長いことを言われても……〟とも思いましたが、こうなったら、もう意地です。私も覚悟を決め、会社へ戻ると自分自身の「行」として、掃除の実践を始めました。

生鮮食料品を扱う店の裏のゴミ置き場は、どうしても生ゴミ臭くなります。そこを人が来る前にきれいにするため、早朝の五時ごろから片付けを始めたのです。同じように、トイレ掃除にも毎朝取り組みました。

私の初受講は昭和五十三年一月でしたから、真冬のことです。寒い中、早朝に一人でそんなことを始めたのですから、出勤してきた社員たちには驚かれました。「社長、すみません」「私たちがやりますから」――そんなふうに言われると、こちらも悪い気はしません。「いいよ、いいよ」と、機嫌よく掃除を続けていました。

ところが一か月も経つと、私の掃除も「朝の見慣れた光景」になってきます。そのとき、自分の中で何かが変わってきました。――社長が朝早くから掃除をしているのだから、たまには手伝ってくれてもいいのではないか。せめて「すみません」と言ってくるくらいの気づかいがあってもいいはずだ……。そんな気持ちが頭をもたげてきたのです。

そもそも私がモラロジーを学び始めたきっかけには「よい店をつくるために、よい従業員を育てなければ」という思いがありました。社員教育として、時には苦言を呈することも必要かもしれない。そう思って口を出すと、従業員はますますそっぽを向くのです。妻に愚痴を言っても「お父さん、自分の好きで始めたことでしょう。不満があるのなら、やめたらいいじゃないですか」と言われる始末。どうにも腹の虫が治まらず、一人苦しい思いを抱えて、講座で使ったモラロジーのテキストを開いてみました。

自分で書いたメモは「売上目標何円」「時給何円」など、講義の内容とはまったく関係のないものばかりです。ところがそのとき、テキストの本文にあった一つの言葉が目に飛び込んできたのです。

「心の勉強」――人間は「よいこと」をすると、それを誇って、必ず他人を責めるようになるもの。だから、モラロジーは「よいこと」をするのが勉強の目的ではない。「よい心」をつくることが目的なのだ、と。

まさに、そのときの私の心を言い当てられているようでした。

私は「よいこと」に取り組んだばかりに、自分の思うようにやってくれない社員を責め始めたのです。自分で「よいこと」をしないうちは、何とも思わなかったことなのに……。こんなことなら、かえって「悪いこと」をしてしまったときに〝申し訳ない〟と反省する気持ちを起こすほうが、自分自身の心の成長にとってはプラスだったかもしれません。

「よいこと」をするのが目的ではなく、「よい心」をつくることを目的とする勉強。それも他人ではなく、まず自分自身の心を育てること。モラロジーを学ぶ私たちが、よくよく注意しなければならないことだと思います。

しかし、過去の心の習慣や自分自身の性格を変えるというのは、本当に苦しいものです。例えば、それまでの経験から「あの人の顔を見ると、何だかムカムカする」というふうに条件づけられていたら、その相手に笑顔を向けよと言われても、なかなかできるものではありません。自分の心を変えるというのは一大事なのです。

私もモラロジーを学んで四十年以上になりますが、初めの十年は自分との戦いでした。十年続けて、ようやく〝会社の空気が変わってきたな〟と思えるようになりましたが、それでもまだ、本心は「やせ我慢」です。笑顔の裏のそんな苦しみを見抜いた社員から「そこまで無理をしなくても」「言いたいことを言ってくださいよ」と言われたことも、一度や二度ではありません。

しかし「やせ我慢の道徳」でも、千回や二千回も続けていけば、それは立派な訓練になるのではないでしょうか。また、よき師を持って、よき仲間たちと一緒に取り組んでいくと、いろいろな教えをいただくことができます。

この学びを知り、道に入ることができた幸せを、多くの仲間と分かち合っていきたいものです。

●杉一郎語録● 家族ぐるみの「学び」―――福原千和子

杉相談役との出会いは、今から四十年ほど前のことです。

私は当時、近所にあった杉相談役の店で、いつも買い物をしていました。ちょうどそのころ、主人が印刷会社を立ち上げたばかりでしたので、お店のスタッフさんに「一度、新聞折込用のチラシの見積りでも……」とうかがってみたところ、気楽に「今、社長が二階の事務所にいますから、どうぞ」と言われ、門前払いを覚悟しつつ、緊張しながら事務所のドアをノックしました。

「どうぞ」と言われてドアを開けると、目の前のソファーで杉相談役が新聞を広げておられました。そしてチラシ印刷のお話をすると「一度、ご主人に来てもらってください」と気さくにおっしゃってくださったので、とてもうれしかったことを覚えています。

早速主人が見積りを持参すると、杉相談役は「あなたは正直な方ですね。普通は仕事をもらいたいばかりに、最初は他社よりも安い値段を提示して仕事を取ろうとするのに、これは適正な価格ですね」とおっしゃったそうです。見積りは他社よりも高かったようですが、主人の性格を見抜いてくださり、お仕事をいただいたのがお付き合いの始まりでした。

当時の杉相談役はモラロジーを学び始めたばかりで、「とてもいい勉強だから」と、私たちにも勧めてくださいました。最初は杉相談役、野田好秋《のだよしあき》さん（元　野田ミート株式会社社長、故人）と主人の三人で始まった勉強会も、すぐに若い経営者を中心に、たくさんの方々が参加するようになりました。主人が経営する印刷会社の二階が集会場となり、連日、杉相談役が声をかけたさまざまな会社の経営者が集まって、共に学び、時には鍋《なべ》を囲んで熱く語り合ったり、モラロジーの講師に来ていただいたりして、その真剣な取り組みは、そ

勉強会の後は鍋を囲んで

ばで見ていても圧倒されたほどです。その後、私たち妻も一緒になって夫婦でその活動を広げていき、福岡中央モラロジー事務所が誕生しました。皆若く、燃えていましたが、何より私たち夫婦を含め、皆が杉相談役のお人柄や行動力に魅力を感じていたのです。

その杉相談役が始められた家族ぐるみの「学び」の活動は、今では二代目、三代目につながっています。

●杉一郎語録● 万有の因、己にあり――新井眞一

杉相談役とのご縁を振り返るとき、野田好秋さんの思い出を語らないわけにはいきません。

野田さんの会社に鶏肉を卸していた私は、昭和五十六年にモラロジーの講座受講を勧められました。「忙しいから」と逃げ回っていたのですが、「行かないのなら、もう取引は辞める」と言われ、慌てて申し込んだのです。講座では居眠りばかりでしたが、その帰途、杉相談役に引き合わせていただきました。美しい白髪に優しげな瞳で、何

か奥の深いものを感じ、「何という品のよい方だろう」と思ったのが第一印象です。昔なじみの野田さんに対しては、そんなふうに思ったことはありませんでしたが……。それから野田さんと連れ立って、杉相談役を囲む勉強会に通うようになりました。

親しいお付き合いが始まってからも、杉相談役は第一印象そのままの、すばらしい方でした。日ごろから他人の心配やお世話ばかりなさるので、私などは「少しは自分のことを考えたらどうですか」と申し上げたこともあるほどです。仕事上でも窮地に陥ったスーパーをグループに迎えては、物心両面で献身的にお世話をなさいます。要はその方々のことを本気で考えて、モラロジーとの縁をつないでこられたのです。それもうまくいけば「おかげさま」、うまくいかなければ「自分の至らなさ」で、愚痴一つこぼしません。「万有の因、己にあり」ということを徹底されていました。

その後ろ姿に学んで、私も人様のお世話に取り組んでみるのですが、杉相談役が喜ぶだろうと思って「人のためにあれをした、これをした」などと言うと、とたんに厳しい顔になり、「本当に命がけで人を助けたことがあるのか」と。うわべだけの善行では、メッキはすぐにはがれます。お叱《しか》りを受けることもたびたびでした。しかし杉相談役のすごいところは、私のような若造に対しても、「言葉が過ぎたかなと思われたときは、すぐに電話などで「眞ちゃん、ごめん。言い過ぎた」とおっしゃることです。そう言われると、こちらも涙がこぼれる思いです。魅力は語り尽くせません。

ほんの数人で始まった勉強会は、お酒も飲んだりして楽しみながら、今でも続いています。すでに亡くなられた方もいますが、杉相談役の配慮のおかげで妻同士も仲がよく、子供たちはもっと仲がよいのです。その子供たちが会社もモラロジーも受け継いで、頑張ってくれています。累代教育の大切さを思うこのごろです。

モラロジーを学ぶ者として

会社には理念があります。

人間は一人ひとり、違った考え方を持っているものですが、一つの会社で一緒に働くとなれば、一人ひとりの根底に同じ理念がないと、バラバラになってしまいます。

理念を忘れ、一人の独断で突っ走ったら、「お客様を守る」という会社の目的は達成できません。

しかし理念があれば大丈夫かと言えば、世の中ではいろいろなことが起こりますから、人間の心は揺れ動きます。大事なところで「絶対善」というものが消えていくような気もします。「全体にとっての善」が、いつの間にか「個人や特定の集団にとっての善」にすり替わってしまうのです。それは破滅につながります。極端な例では、戦争もその一つでしょう。

人間は一人では生きていけません。集団をつくり、力を合わせ、助け合わなければ生きていけないのです。困った人がいれば、その相手がどのような人であっても手を差し伸べる。もしかしたら、助けた相手が「悪い人」であることを後になって知り、「あのとき助けなければよかった」と思うこともあるかもしれませんが、こちらの善意に触れて相手が目を覚まし、更生していくことだってあるかもしれません。

困った人がいるとき。それはモラロジーを学んでいる私たちの出番だと思います。

私も創業からの五十年間、従業員や取引先の方々、お客様に限らず、いろいろな人に出会ってきました。時には「どうしてスーパーに国旗なんかを立てているんだ」と

今年で結婚 54 周年になる妻と

いった理不尽なクレームを受けたこともあります。しかし、何を言われても「私たちのためを思って言いに来てくださったのだ」という感謝の心で、丁寧に聞かせていただきます。そうするうちに、相手のほうから「あのときは分からなかったが、やっぱりあなたの言うことは正しい」と言ってこられることもありました。

特に経営者仲間との付き合いでは、声の大きい人が多いだけに「杉君、あっちの言うことは聞くな」「あんな分からず屋は放っておけばいい」などと言われることもたびたびでした。どこの世界にも我の強い人、わがままな人はいるものです。しかし、そうした人の心の底には、実は「寂しい」という感情があることにも気づかなければならないと思います。寂しいから、自分のほうを向いてもらいたいと思って声を上げる。それは赤ちゃんが泣き叫ぶようなものです。ギャーギャーと声高に叫ぶ人が悪なのではなく、それは人間の業《ごう》というものなのです。

モラロジーを学んで、「自分一人がよくなればいい」ということはありません。「こちらの話を好意的に聞いてくれない人は、どうなってもいい」ということもありません。どんなときも、どんな相手に対しても、恨みを残すことなく、相手の心に思いを馳せて、相手のために心を砕いていく。お互いに、そんな人間をめざしていきたいものです。

あとがき

　山登りと現場で鍛え上げたはずの父の脚が、ある日急にか細くなったことに気づくまで、親の恩の何たるかにも気づかずにいた私に、本書の校正に携わるような機会を与えていただきましたことに、心より感謝申し上げます。

　私が物心ついたとき、両親は博多の中心街から五キロほど離れた町の小さな商店で商売をしていました。いわゆる「天神流通戦争」が本格的に始まったころで、共働きだったこともあり、私たち子供は近くの家に預けられては、夜になると両親が迎えに来るということが続きました。スーパーマーケット「ダイキョープラザ」を設立してからも、しばらくの間それは続き、一緒に帰宅した後も、食事もそこそこに深夜まで別棟の小屋で漬物を仕込んだりしていました。その間、かなり資金繰りに苦しむこともあったようですが、そんな苦労を子供たちに気づかせることもなく、また、寂しいと思わせるようなこともなく、深い愛情と大いなる安心感の中で、二人の姉と共に成人を迎えるまで何の苦労もなく育ててもらいました。

かつて一度だけ、優しくも強靭《きょうじん》であった父が、幼い私を前にして嗚咽《おえつ》を漏らし、男泣きに泣いたことがありました。そのときは、それまで一度も見たことがなかった父のただならぬ様子にうろたえ、どうしてよいかも分からず、母のもとに駆け寄り、しがみついていました。ずいぶん後になって（私が就職してすぐのころだったと思います）、当時のことを母に尋ねたところ、長く資金繰りに苦しんでいたこと、それを子供たちに気づかせないよう夫婦で話し合ってきたことなどを静かに語ってくれました。子供に見せる笑顔の裏で、仏壇の前で静かに肩を震わせ、布団の中で悟られないよう声を殺して泣いたりしていたのだそうです。

「若いときの苦労は買ってでもせよ」という言葉がありますが、真の苦労を続けてきた二人には、わが子（従業員もしかり）に親が悩み苦しんでいる姿を見せるわけにはいかないという深淵《しんえん》な親心があったのだと、そのとき初めて知りました。

表題の「大きな傘に守られて」は、平成二十八年三月十四日発行の「日本道経会通信」三八六号に私が寄稿した記事と同じものです。これは私が最初にこの業界に入ったとき、流通戦争というなりの中で経営者として苦悩しつつも、私たち社員の成長を静かに見守ってくれていた先輩社長のこと、そして昔の父の姿を思い出して書いたものです。

父は、意識していたわけではないと思いますが、昔から「従業員さんのおかげ」ということをあまり会社で口にする人ではありませんでした。それは本文にあるように、「この人たちの親になる」と真に決意したからであり、同時に、流通戦争という耐えきれないほどの豪雨の中で、家族や社員には外で何が起こっているのかも悟らせないよう、大きな傘を必死で私たちの上に差しかけ続けてきたからではないかと思っています。そして本書の校正を進めていくにつれ、父もまた同様に、苦しみの中で両親や先人先輩、そして廣池千九郎博士の大きな傘に守られてきたのだと思うに至り、はなはだ不遜《ふそん》ではありますが、同じ表題をつけさせていただくことにしました。

現在、父は経営から離れ、相談役という立場になってもらっています。本書は、本人および過去を知る親しい方々へのインタビューと過去の資料を元に作成されたものです。

本書を作成する機会を与えていただきましたモラロジー研究所の方々はもとより、スーパーバリューグループの会長社長、また、父の古くからの御友人様などにおかれましては、多大なるお力添えをいただきましたこと、心より御礼申し上げます。

令和元年五月十二日

株式会社ダイキョープラザ代表取締役社長
福岡南モラロジー事務所代表世話人
杉　慎一郎

杉 一郎（すぎ・いちろう）

昭和13年（1938）、福岡県に生まれる。食品卸会社に勤務した後、独立して41年に「杉商店」を創業。49年、テナントとして入っていたスーパーマーケットの倒産を機に協同組合「大協」を設立し、53年、スーパー部門として「ダイキョープラザ」を開店。58年より同業他社に呼びかけて「福岡スーパーマーケットグループ」を組織、のちのスーパーバリューグループの礎を築く。現在、協同組合九州スーパーマーケットグループ理事長、株式会社スーパーバリュー九州本部相談役、株式会社ダイキョープラザ取締役相談役、公益財団法人モラロジー研究所名誉顧問。

大きな傘に守られて

――小さなスーパーの創業物語――

令和元年6月19日　初版発行

著　者　杉 一郎

発　行　公益財団法人 モラロジー研究所
〒277-8654 千葉県柏市光ヶ丘2-1-1
TEL.04-7173-3155（広報出版部）
https://www.moralogy.jp/

発　売　学校法人 廣池学園事業部
〒277-8686 千葉県柏市光ヶ丘2-1-1
TEL.04-7173-3158

印　刷　シナノ印刷株式会社

ISBN978-4-89639-267-8